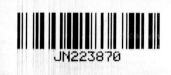

京都　寺子屋料理塾の
おばんざい

谷岡瑞穂

はじめに

料理教室に使っている実家の台所から庭が見えます。母が無作為に植えたと思われるほど木や花で春先からうっそうと茂って奥が見えないくらいです。梅、水仙、万両、うの花、椿、桜、あじさい、ざくろ、山椒、彼岸花等々、泰山木は落ちた葉が雨樋につまったりして台風や大雨の後は大変です。でもよく観るといつも何か咲いています。私は無作為と思っていたけれど母は案外考えて植えていたのかもしれません。そう言えば晩年は椅子に座っていつも庭を眺めていました。

母は料理上手な祖母の背中を見ながら料理を覚えたそうです。私も母の背中を追いながら料理に興味を持ち、さらにひと工夫、プラスαを加えてみたりしました。

幼い頃の我が家の食卓は、昔ながらの京都のおかず、父の赴任先の中国で覚えた料理、疎開先の大分の郷土料理など、食材がまだ思うように手に入らない時代に創意工夫をこらしたいろいろな献立が並んでいました。私も小学生の頃から餃子の皮をこねる役をさせてもらったものです。今でこそ珍しくもない餃子ですが、昭和二十年代頃の疎開先の大分では、多分我が家だけだったように記憶しています。そんな幼い頃の食卓が今の私の原点かな、と思ったりしています。

料理教室の名前もなく、いつ入っても、いつ辞めても何の規則もない、「まるで寺子屋ですね」と言われて寺子屋料理塾と言うようになったこの料理教室を、母が始めて五十余年、その大半を一緒に過ごしましたが、歯に衣をきせぬ母と、相手の方との潤滑油に徹しました。いつも「あんたはアカン」と言われながら。ほめられた事は一度もありません。ある日「お母さんが居なくなったら、この仕事、私が継ぐわ、この味を皆に伝えたいから」と言うと「仕方ないな、あんたは親子というより同志みたいなもんやから」という返事が返ってきました。これは「ほめ言葉」ととっていいのでしょうか。

ある時、京都新聞社さまから、新聞の一面に、一週間分の料理と写真、レシピ、コラムを連載してほしいとのお話をいただきました。「そんな大仕事、私でいいんですか」と何度もたずねました。料理はさる事ながら、写真撮影が全くできないので、思案していたところ、建仁寺禅居庵住職の上松正明さま、副住職の上松正宗さまが手をさしのべてくださいました。

お二人の凝った撮影でいい写真ができ、「普段着のおかず」の連載がスタートしました。

時を経て、京都新聞出版センターの方とのお話で、これまで連載をされた「普段着のおかず」に約三十点の新しいメニューを加えて一冊の本にして、出版の運びとなりました。「普段着のおかず」を企画してくださった京都新聞社さま、本の編集を手がけてくださった山形恭子さま、デザインをしてくださった佐野佳菜さま、京都新聞出版センターさま、写真以外にもあらゆる事に手を貸してくださった上松さま、撮影時に協力してくださった料理教室の生徒さんたち、料理作成の際にはいつも手伝ってくれた娘と嫁、料理がしやすいように包丁をピカピカに研いでくれた息子、多勢の方に支えられてこの本が誕生しました。

皆様にはこの場をお借りして厚く御礼申し上げます。

「京都　寺子屋料理塾のおばんざい」が日々の食事作りのお手伝いになれば、これほどうれしい事はありません。

寺子屋料理塾　谷岡瑞穂

目次

その五「まとめて作っておきたい、常備菜」

その六「汁もの ― おつゆ・みそ汁・スープ」

その七「ご飯もの ― すし・混ぜご飯・炊き込みご飯」

その八「ひと皿料理――めん・どんぶり・カレー」

コラム「あれこれ、寺子屋料理塾」

この本のレシピについて

何度も食べたくなるような飽きのこない味わいと、家の台所でさっと作れる手軽さ。
特別ではない普段着のような家庭料理のことを、京都では「おばんざい」とも呼びます。
本書は、私の主宰するおばんざい教室「寺子屋料理塾」のレシピをまとめたものです。
ごはんのすすむ主菜や副菜、作り置きできる常備菜、一品で満足できるカレーやどんぶりなど、どれも家庭で作れる料理ばかりです。
各レシピには、ちょっとしたコツやおいしく作るためのひと工夫など、教室で生徒さんに伝えるような、ささやかなコメントも書き添えました。
定番メニューをもっとおいしく作りたいという時に、毎日の献立に悩んだ時に、また、新しい料理に挑戦したいという時に、ぜひ開いてみてください。
お好みで調味料を加減したり、アレンジを加えたり、皆さんそれぞれが繰り返し作るなかで、〝我が家のおなじみ〟になれば、うれしい限りです。

本書のレシピに記載している分量や材料、調理器具などについては、以下をご参照ください。

《分量について》

・カップ1…200ccのことです。
・大さじ1…15ccのことです。
・小さじ1…5ccのことです。

《調味料について》

特に表記がない場合は、以下のものを使っています。

・砂糖…………上白糖
・しょうゆ…こい口しょうゆ
・酢……………米酢
・みそ…………米みそ
・油……………サラダ油

《揚げ油について》

サラダ油を使っています。

《だし汁について》

昆布と削りカツオからひいただし汁を使っています。（P155参照）

《野菜の下処理について》

きのこ類以外の野菜は、水洗いしてから使っています。特に表記がない場合は、皮、根、種などを取り除いてから使っています。

《調理器具について》

フライパンはテフロン加工のものを使っています。電子レンジは500Wのものを使っています。

《その他の注意書き》

ねぎは白ねぎ（東京ねぎ）、青ねぎ（九条ねぎ）、細ねぎ（薬味ねぎ）の3種類に分けて記載しています。

その一

ご飯がすすむ
満足おかず

豆アジの南蛮漬け

材料（4人分）

豆アジ　20匹

ごぼう　1本

A＝だし汁　カップ1/2、
しょうゆ・酢　各カップ1/4、
砂糖　大さじ2と1/2

片栗粉　適量

タカノツメ　1本

揚げ油　適量

ごぼうの代わりに、玉ねぎや白ねぎでもおいしいです。

1　ごぼうはささがきにして酢水（分量外）につけ、水気を切る。

2　鍋にAを入れ、ひと煮立ちさせる。

3　豆アジは洗って水気を切り、片栗粉をまぶして油で揚げる。

4　(2) に (3) を漬ける。

5　タカノツメを輪切りにする。

6　(1) を少量の油（分量外）で炒めたら (4) に入れ、タカノツメを加える。

黒酢の酢豚

材料（4人分）

豚肉（ロースの塊）	200g
卵	1個
片栗粉	小さじ2
揚げ油	適量

A＝酒・しょうゆ　各小さじ2、
コショウ　少々

B＝黒酢　大さじ4、
砂糖　大さじ6、
しょうゆ　大さじ1

C＝片栗粉　大さじ1、
水　大さじ2

二度揚げすることにより、中はふんわり外側はカリッと揚がります。
たれは全体にまんべんなく絡ませてください。黒酢がない時はふつうの酢でも構いません。

1　豚肉は1.5cm厚さに切り、表面に浅く格子状に切り目を入れて、1.5cm角に切ってAで下味をつける。

2　ボウルに卵と片栗粉を合わせ、(1) を加えてよくなじませる。

3　(2) に片栗粉（分量外）をまぶす。

4　油を180度に熱し、(3) を入れ40～50秒揚げ、一度引き上げる。

5　油を200度にして (4) を入れ、きつね色になるまで揚げる（1分ぐらい）。

6　フライパンにBを入れて熱し、Cでとろみをつける。(5) を加えて絡ませ、皿に盛る。

鶏肉の酢じょうゆ焼き

材料（4人分）
鶏もも肉　2枚
A＝塩　小さじ1/2、
　　生姜汁　小さじ1、
　　酒　大さじ1
大根　　　1/2本
細ねぎ　　1/3把
B＝水　60cc、
　　しょうゆ　大さじ3、
　　酢　大さじ3、酒　大さじ2、
　　砂糖　大さじ山盛り2、
　　油　大さじ1

鶏肉に下味をつけるのはめんどうなようですが、このひと手間で味に違いが出ます。あまり長く火にかけるとかたくなってしまうので、竹串を刺してスッと通ったら火を止めて。生徒さんの話では、これを作ると家族から100％喜ばれるそうです。

1　鶏もも肉は厚さを均一にして2つに切り、Aに10分ほどつける。大根はおろし、細ねぎは小口切りにする。
2　厚手の鍋（中華鍋など）に油（分量外）を熱し、鶏肉の汁気をキッチンペーパー等でふき取って皮を下にして強火で焼く。皮に焼き色がついたら裏返して両面焼きつけ、油分は捨てる。
3　(2) の鍋にBを煮立て、鶏肉の皮を上にして焼く。途中で裏返したら中〜弱火にし、ふたをして蒸し焼きにする。
4　(3) を取り出し、薄くそぎ切りにして皿に盛り、大根おろしをたっぷりのせ、細ねぎをちらす。(3) の煮汁を少し煮詰めてかける。

親子コロッケ

材料（4人分）

ゆで卵	3個
鶏ひき肉	100g
長いも	50g
マヨネーズ	20 ～ 30g
塩・コショウ	各適量
片栗粉	小さじ2
小麦粉・溶き卵・パン粉	各適量
揚げ油	適量

1 ゆで卵はできるだけ小さくつぶす。鶏ひき肉はパラパラになるくらいまで炒める。長いもは皮をむいて5㎜角に切る。

2 (1) にマヨネーズ、塩、コショウ、片栗粉を混ぜ、12等分にして丸める。

3 (2) に小麦粉、溶き卵、パン粉の順に衣をつけて、油で揚げる。

ゆで卵はマッシャー等でつぶしてください。ピンポン玉サイズに丸めていますが、俵形や小判形などお好みの形で作れます。

手羽先のやわらか煮

材料（4人分）

鶏手羽先　　　8本

A＝酢　カップ1/2、

　　酒　カップ1/3、

　　しょうゆ　カップ1/4、

　　砂糖　大さじ2、

　　水　カップ2

ブロッコリー　1株

1　手羽先は裏側に切り込みを入れる。

2　フライパンを熱し、手羽先を皮目から並べ入れ、両側をこんがり焼く。

3　フライパンの脂をしっかりふき取りAを入れ、手羽先を入れて落としぶたをする。弱めの中火で煮汁が少なくなるまで煮て、最後に火をやや強め、照りが出たら煮絡める。

4　ブロッコリーは小房に分けてゆで、つけ合わせにする。

切り込みを入れることで、中まで火の通りがよくなり、皮も縮みにくくなります。

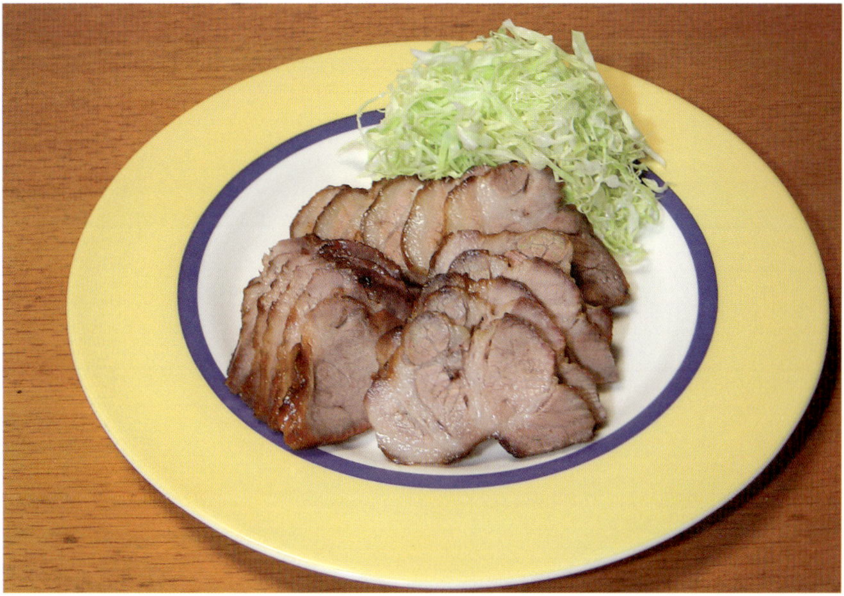

焼き豚

材料（4人分）

豚肩ロース肉（塊）	500g ～ 1kg
粒コショウ	20 ～ 30粒
砂糖	カップ1（130g）
しょうゆ	150cc
酒	150cc
キャベツ（せん切り）	適量

砂糖と粒コショウはボウルに入れて混ぜ合わせておくと、お肉にもみ込みやすいです。お肉の量が倍になっても調味料はそのままの量で大丈夫。残った調味料はひと煮立ちさせ、片栗粉かくずを水溶きして加えとろみをつけると、おいしいたれになります。

1　豚肩ロース肉を3～6つに切り、粒コショウと砂糖をよくもみ込む。

2　（1）をボウルに入れ、しょうゆと酒を合わせて漬け込み、冷蔵庫でひと晩ねかす。

3　オーブンの天板にサラダ油をひいて（フライパンにくっつかないアルミ箔を敷いてもよい）（2）をのせ、180度で25～30分じっくりと焼く。途中で返し、表面が焦げてきたらアルミホイルをかぶせる。

4　粗熱が取れたら、薄く切り分けて皿に盛り、キャベツをつけ合わせる。（コショウが苦手な人は取り除く）

賀茂なすの肉みそかけ

材料（4人分）
賀茂なす　2個
鶏ひき肉　100g
A＝酒・しょうゆ　各大さじ1
B＝白みそ　100g、赤みそ　40g、
　だし　40cc、酒　大さじ1、
　みりん　大さじ2、砂糖　50g、
　油　小さじ1
揚げ油　　適量

1　賀茂なすは上下を切り落として皮はしま目にむき、横2つに切る。
2　(1) を低温の油でじっくり揚げ、焼き色がついたら電子レンジで1～2分加熱する。
3　鶏ひき肉とAを混ぜ合わせる。フライパンに油（分量外）を熱し、ポロポロになるくらいまで炒める。
4　Bを鍋に入れ、混ぜながら煮詰める。冷めたらかたくなるのでやわらかめにする。
5　(4) に (3) を加えて混ぜる。
6　(2) の賀茂なすの上に (5) を塗る。

賀茂なすはやわらかくなるまで油で揚げると焦げてしまうので、焼き色がついたらあとは電子レンジで加熱してください。

水餃子

材料（4人分）

皮＝薄力粉300g、強力粉　300g、塩　小さじ1と1/2、油　大さじ3、湯（人肌よりやや温かいもの）　300～360cc

具＝豚ひき肉　500g、青ねぎ　1/2把、玉ねぎ　1個、ニラ　1把、白菜　3枚、生姜　1かけ

A＝ごま油　大さじ3、砂糖　大さじ1、塩　小さじ1、しょうゆ　大さじ3

酢じょうゆ　適量

皮の大きさは揃えてくださいね。
ゆでている時に中身が出てこないように、具を入れたら皮をしっかり合わせておきましょう。
中国では夕飯にこれをいただいて、残ったら翌朝焼き餃子にするそうです。

1　皮を作る。粉は合わせてふるい、塩と油を入れ、湯を少しずつ加えながら練る。耳たぶぐらいのやわらかさになるまでよくこね、ぬれ布巾をかぶせ、30分ねかす。

2　（1）を直径2cmの棒状にのばして1.5cm幅にカットし、手のひらで押さえ、平たくしてから麺棒で丸くのばす。60～70枚作る。

3　具を作る。豚ひき肉は手でこね、他はみじん切りにする。Aとともに、すべて合わせて混ぜる。水っぽい場合は片栗粉（分量外）を加える。

4　皮の中央に具をのせ、2つ折りにして合わせしっかりとくっつける。

5　（4）を熱湯でゆでる。浮き上がってきたらでき上がり。器に盛って酢じょうゆでいただく。

鶏肉とカシューナッツの炒め物

材料（4人分）
鶏もも肉　1枚
カシューナッツ　70 ～ 100g
細ねぎ　2本
A＝しいたけ　3枚、ゆで筍《タケノコ》　150g、
　ピーマン　2個、赤ピーマン　1個
B＝にんにく・生姜（各みじん切り）
　各大さじ1
C＝しょうゆ　大さじ3、
　砂糖　大さじ2、酒　大さじ1
D＝片栗粉　大さじ2、水　大さじ4
揚げ油　適量

カシューナッツはすぐ焦げるので気をつけて！ 中温でサッと揚げてください。

1　鶏もも肉は1cm角に切り、酒と生姜汁各小さじ1（分量外）をまぶす。
2　Aはすべて1cm角に切る。細ねぎは小口切りにする。
3　カシューナッツは中温でサッと揚げる。
4　鶏肉とAを中温で油通しする。
5　鍋に油大さじ1（分量外）を入れてBを炒め、(4)を加えて炒める。
6　(5)にCを加えて味を絡ませ、Dでとろみをつける。
7　火を止めて、カシューナッツと細ねぎを混ぜ合わせ、皿に盛る。

鱧《ハモ》の巻き揚げ

材料（4人分）

鱧（骨切りしたもの）　2匹
三度豆（インゲン豆）　150g
小麦粉　カップ1/2
冷水　カップ1/2
卵　1個
A（天つゆ）＝水　カップ1、
しょうゆ　30cc、
みりん　30cc、
砂糖　小さじ1、
削りカツオ　ひとつかみ
揚げ油　適量
おろし大根　適量

アスパラガスを巻いてもおいしいですね。
巻く時に粉をふらないと水分が出てしまい、揚げる時に油がはねることがあるので忘れないようにしましょう。

1　三度豆は筋を取ってゆでておく。
2　鱧の皮を上にして4等分（7～8cmぐらい）に切り、小麦粉（分量外）をふる。三度豆5～6本を芯にして巻き、糸で縛る（糸は色のついたものを）。
3　Aを鍋に入れて火にかけ、沸騰したらこして天つゆを作る。
4　小麦粉、冷水、卵でかための衣を作り、(2) を絡ませて油で揚げる。
5　(4) を半分に切って糸をはずし、おろし大根、天つゆとともにいただく。

鯖《サバ》のみぞれ煮

材料（4人分）

鯖（3枚におろしたもの）　4切れ

A＝生姜汁　大さじ1、酒　大さじ2、
　塩　小さじ1/2

B＝だし汁　カップ2、酒　大さじ1、
　砂糖　大さじ1、うす口しょうゆ　大さじ2と1/2、みりん　大さじ2と1/2、塩　小さじ1/3

片栗粉　適量

おろし大根　カップ2

タカノツメ　適量

細ねぎ　3本

揚げ油　適量

鯖の小骨があれば丁寧に抜いてください。
大根おろしの水気が多いと、料理全体が薄くぼやけた味になり、絞りすぎると味が濃すぎてしまいます。ちょうどいい水加減にするのが腕の見せどころですよ！

1　鯖はAの調味料に10分ほどつける。水気をふき取り、片栗粉をまぶして180度の油で揚げる。

2　おろし大根はザルにあけ自然に水気を切る。タカノツメは細い輪切りにする。細ねぎは小口切りにする。

3　鍋にBの調味料を煮立て、タカノツメを加えて（1）を入れる。

4　（3）におろし大根を加えてサッと煮立てて火を止め、細ねぎをちらす。

なすの肉詰め揚げ

材料（4人分）
なす　4本
A＝豚ひき肉　200g、生しいたけ　2枚、細ねぎ　1本、生姜　5g、卵　1個
B＝しょうゆ・みりん　各大さじ1、ごま油　小さじ1、塩・コショウ　各適量
片栗粉・白ごま　各適量
もやし　適量
揚げ油　適量
からしじょうゆ　適量

はさみ揚げにすることもありますが、今回はなすをくり抜いて肉を詰めました。
なすの水気を取ってから片栗粉をまぶすことで、肉がなすから離れません。
具が残ったら、小判形にして揚げてもおいしいおかずになります。

1　なすはヘタを切り落として縦2つに切り、浅くくり抜いて塩水につける。くり抜いた部分は刻んでAに合わせる。
2　Aのしいたけはあられ切り、細ねぎはみじん切り、生姜はおろす。
3　AとBをよく混ぜ合わせる。
4　(1)のなすの水気をよくふき取り、片栗粉をふりかけ、(3)を詰めて平らにし、白ごまと片栗粉をまぶして油で揚げる。
5　皿に盛り、もやしを電子レンジで2～3分加熱してつけ合わせ、からしじょうゆを添える。

豚ヒレ肉の生春巻

材料（4人分）
豚ヒレ肉　　　200g
A＝しょうゆ　小さじ1、酒　大さじ1、片栗粉　大さじ1と1/2
きゅうり　　　1本
かいわれ大根　1パック
白ねぎ　　　　1本
B＝赤みそ　大さじ3、砂糖　大さじ3、水　大さじ4、油　大さじ2、コチジャン　小さじ1、テンメンジャン　大さじ1
生春巻の皮　　8枚

生春巻の皮はぬれるとくっつきやすくなるので、手早く巻いていきましょう。

1　豚ヒレ肉はマッチ棒状に切り、Aにつけてしばらくおき、油（分量外）で炒める。
2　きゅうりは半分に切り、四つ割にして割り箸ぐらいの太さにする。かいわれ大根は根を切り落とし、白ねぎは白髪ねぎにする。
3　Bを合わせて火にかけ、ツヤが出るまで煮詰める。
4　(3) に (1) を加え、水分を飛ばしながら絡める。
5　(2) と (4) を8等分する。
6　生春巻の皮を1枚ずつ水にぬらし、まな板の上に広げて表面の水気をふき取る。(5) の1つ分を皮の中央におき、2つ折りにして両端を折り込み、巻いていく。同じようにして8つ作り、皿に盛る。

牛肉のレタス包み

材料（4人分）
牛肉（赤身）　300g
白ねぎ　1本
レタス　1玉
A＝赤みそ　大さじ3、
　砂糖　大さじ山盛り3、
　水　大さじ4、
　油　大さじ2、
　コチジャン　小さじ山盛り1、
　テンメンジャン　小さじ山盛り1

お肉はやわらかいと切りにくいですが、半冷凍状態にしておくときれいに切れます。お肉がぼろぼろとくずれないように、細切りにする時は繊維に沿って切ってください。

1　少し厚め（5㎜ぐらい）の牛肉を1時間ほど冷凍し、5㎜幅に切る。油少々（分量外）を絡ませ、片栗粉少々（分量外）をふりかけておく。
2　白ねぎは白髪ねぎに、レタスは大きめに切っておく。
3　Aの調味料を混ぜて火にかけ、ツヤが出るまで煮詰める。
4　厚手の鍋に油大さじ1～2（分量外）を熱して（1）を炒める。色が変わったら（3）を絡ませ、なじんできたら皿に移して白髪ねぎをつけ合わせる。
5　レタスに牛肉と白髪ねぎを包んでいただく。

チキン南蛮

材料（4人分）

鶏もも肉	2枚
溶き卵	1個
小麦粉	適量

甘酢＝酢　90cc、しょうゆ　45cc、
砂糖　75g

タルタルソース＝マヨネーズ　200g、
かたゆで卵　2個、
玉ねぎ　100g、
塩・コショウ　各適量

揚げ油	適量
キャベツ（せん切り）	適量

鶏肉は卵にくぐらせてから揚げると表面がフワッとなり、甘酢がなじみやすくなります。
タルタルソースは、ピクルスがあればみじん切りにして加えてください。

1　甘酢の材料は火にかけ、ひと煮立ちさせる。

2　タルタルソースを作る。玉ねぎはみじん切りにして、水にさらしてかたく絞る。ゆで卵はみじん切りにする。ともにマヨネーズであえて塩、コショウをする。

3　鶏もも肉はひと口大に切って小麦粉をまぶし、溶き卵を絡ませて中温の油で揚げる。

4　(3) を熱いうちに (1) に絡ませて器に盛り、キャベツを添えて (2) のタルタルソースをかける。

サンマの甘露煮

材料（4人分）

サンマ	5匹
酢	200～300cc
酒	200～300cc
砂糖	150g
しょうゆ	180cc

酢を加えて煮ることでやわらかくなり、骨ごと食べられます。
冷蔵庫で4～5日は持つので、お手頃価格の時に多めに作っておくのがおすすめです。

1 サンマは頭、尾、わたを取って洗い、3つに切る。

2 平鍋に穴を開けたアルミホイルを敷き、サンマを並べる。酢をかぶるくらい入れて加熱し、沸騰したら中火にして約15分煮る。

3 (2) のサンマを取り出して鍋を洗い、アルミホイルを敷き直す。再びサンマを並べて酒をかぶるくらい入れ、煮立ったら砂糖としょうゆを加え、落としぶたをする。沸騰したら中火にし、煮汁が半分くらいになったら（約15分）弱火にして、さらに煮汁がなくなるまで煮る。

シーフードクリームの春巻

材料（4人分）

海老	2尾
ホタテ（缶）	小1缶
玉ねぎ	50g
しめじ	100g
バター	15g
小麦粉	25g
牛乳	400cc
塩・コショウ	各適量
春巻の皮	8～10枚
揚げ油	適量

具をのせる前に、小麦粉と水を少量合わせたものを春巻の皮に塗っておくと皮がはがれません。
海老やホタテの代わりに、イカやアサリのむき身を入れてもおいしいです。

1 海老は背わたを取り除き、尾と殻を取って小指大に切る。ホタテはほぐし、汁は別に取っておく。玉ねぎはみじん切りにする。しめじはほぐす。

2 フライパンに油大さじ2（分量外）を熱し、玉ねぎ、海老、ホタテ、しめじの順に炒め、塩、コショウで味を調える。

3 バター、小麦粉、牛乳の材料でホワイトソースを作る。厚手の鍋にバターを溶かし、ふるった小麦粉を加え、弱火で4～5分混ぜながら煎る。この中に牛乳を徐々に入れ、ホタテの汁も加え、トロリとなるまで混ぜる。

4 （2）と（3）を合わせて混ぜ、8～10等分にして、春巻の皮で包む。

5 中火の油できつね色になるまで揚げる。

スペアリブ

材料（4人分）

豚骨付き肉（スペアリブ用）
500g

A＝ケチャップ　大さじ3、
ピーナツバター・蜂蜜・
しょうゆ　各大さじ2

コショウ　少々

キャベツ　適量

肉の裏表に何カ所か切れ目を入れておくと、火の通りがよくなり、食べやすくなります。ぜひ、手で持って豪快にかぶりついてください！　ただし、できたては熱々なのでご注意を。

1　豚骨付き肉の骨と肉の間に包丁を入れておく。

2　ボウルにAを混ぜ合わせ、(1) を30分くらいつける。

3　(2) のたれを切り、オーブンの天板にフライパンにくっつかないアルミ箔を敷いてのせる。180度で15～20分焼きながら何度か返し、時々たれを塗る。（焦げやすいので、焦げてきたら上にアルミホイルをかぶせる）

4　皿にキャベツを敷き、盛りつける。

しいたけの肉詰め

材料（4人分）

生しいたけ	8個
鶏ひき肉	200g
酒	大さじ1
塩	小さじ1/2
片栗粉	大さじ1
油	適量
水	200cc
しょうゆ	大さじ1
砂糖	小さじ1

しいたけに肉を詰めすぎてしまうと中まで火が通りにくいので、適量を詰めるようにしてください。

1 生しいたけの軸を取り、かさに切れ目を入れてキッチンペーパーで拭き、片栗粉（分量外）をまぶす。

2 生しいたけの軸を刻んでボウルに入れ、鶏ひき肉、酒、塩、片栗粉、油を加えてよく混ぜ合わせ、等分にして（1）のしいたけに詰める。

3 フライパンに油（分量外）を入れ、（2）を肉の方から焼く。焼き色がついたら裏返して4～5分焼く。

4 （3）のフライパンに残った油をふき取り、水、しょうゆ、砂糖を入れて熱し、煮汁がなくなるまで裏表に返しながら、調味料を絡ませる。

焼売（シューマイ）

材料（4人分）	
豚ひき肉	400g
玉ねぎ	200g
片栗粉	カップ1/2
青ねぎ	2本
生姜	20g
グリーンピース	適宜
砂糖	大さじ1
しょうゆ	大さじ2
塩	小さじ1
ごま油	大さじ1
コショウ	適量
シューマイの皮（市販）	1袋（40枚）
からしじょうゆ	適量

皮に具を包む時にしっかり形を整えておかないと、蒸している間に皮がはがれたり、くずれたりしてしまいます。ぎゅっと手のひらで丸めてギャザーになるように包み、底が平らになるように整えてください。

1 ボウルに豚ひき肉と青ねぎ、生姜、砂糖、しょうゆ、塩、ごま油、コショウを入れ、よく混ぜる。

2 (1) に玉ねぎと片栗粉を加え、さらによく混ぜ、空気を抜いて粘り気を出す。

3 シューマイの皮に (2) を20gぐらいずつ包み、上にグリーンピースをのせる。

4 (3) を蒸し器に並べ、15分くらい蒸す。

5 からしじょうゆでいただく。

鶏団子の鹿《か》の子《こ》揚げ

材料（4人分）

鶏ひき肉	400g
青ねぎ	2本
生姜	1かけ
卵	1個
片栗粉	大さじ1
塩	小さじ1/2
酒	大さじ1
食パン（サンドイッチ用）	1斤
オクラ	8本
揚げ油	適量

自宅で食パンを 5㎜角に切るのは難しいので、サンドイッチ用の薄切りパンを手に入れてください。パン屋さんでミミを切り落としスライスしてもらうのもおすすめです。

1 青ねぎはみじん切りに、生姜はすりおろしておく。鶏ひき肉をすり鉢ですり、卵、青ねぎ、生姜、塩、酒、片栗粉を加えてよくする。やわらかければ片栗粉（分量外）を足す。

2 食パンは5㎜角のあられ切りにしておく。

3 (1) を15g ぐらいずつの大きさに丸め、(2) をまぶし、中温の油でじっくり揚げる。

4 オクラも素揚げにして、つけ合わせる。

鶏肉の松風

材料（4人分）
鶏ひき肉（もも）　600g
卵　2個
片栗粉　大さじ2
ケシの実　適量
たれ＝しょうゆ　大さじ2、
みりん　大さじ2と1/2
A＝砂糖　大さじ1、
しょうゆ　大さじ2、
酒　大さじ1
B＝砂糖　大さじ2、
しょうゆ　大さじ4、
白みそ　大さじ1と1/2

和菓子の松風をヒントにしたメニューで、おせちのお重に添えると映える一品です。
流し缶に入れる時は、空気が入らないようにしっかり詰めましょう。

1　鶏ひき肉は等分にして、半分は鍋に入れてAを加えて煎りつけ、パラパラのそぼろ状にしたらバットに広げて冷ます。
2　残り半分は、すり鉢で粘り気が出るまですり、卵を1個ずつ加えて混ぜる。Bを入れてさらに混ぜ、片栗粉を加えてペースト状にする。
3　流し缶（15cm×18cmぐらい）に油（分量外）を塗る。(2) に (1) を加えて混ぜ、流し缶に入れてならし、中央をへこませて180度のオーブンで30分ぐらい焼く。途中焦げ目がついたらアルミホイルをかぶせる。
4　たれを煮詰めておき、(3) が焼き上がったらはけで何回か塗って照りをつけ、ケシの実を上一面にかける。
5　冷めたら、流し缶から取り出して、適当な大きさに切り分ける。

かにクリームコロッケ

材料（4人分）

バター	30g
小麦粉	50g
牛乳	400cc
玉ねぎ	1/2個
しめじ	1/2袋
カニ身（缶）	1缶
塩・コショウ	各適量

衣＝小麦粉・溶き卵・パン粉
各適量

揚げ油	適量
トマト（スライス）	適量
キャベツ（せん切り）	適量

カニクリームはやわらかく扱いにくいので、冷蔵庫で半冷凍状態にしてから丸めてください。パン粉をつけたらやわらかくならないうちに、手早く揚げましょう。

1 厚手の鍋にバターを熱し、溶けたら小麦粉を加え、中～弱火でクリーム状になるまで混ぜる。牛乳を少しずつ加えながら、だまにならないように混ぜる。ひと煮立ちしたら塩、コショウで味を調える。

2 玉ねぎはみじん切りにする。しめじとカニ身はほぐす。フライパンに油大さじ1と1/2（分量外）を熱し、玉ねぎを炒め、しめじとカニ身を入れてさらに炒め、塩、コショウで味を調える。

3 (1) と (2) を合わせてバットに入れ、平らにして冷凍庫で1時間以上冷やしかため、半冷凍状態にする（いくつかに分けて冷やすとかたまりやすい）。

4 (3) を8等分にして俵型に丸め、小麦粉、溶き卵、パン粉の順に衣をつけ、180度の油で揚げる。

5 皿に盛り、トマトとキャベツを添える。

鯛《タイ》かぶら

材料（4人分）
鯛の切り身　4切れ
かぶ　300g
ゆずの皮　1/2個分
だし汁　カップ2と1/2
A＝酒・みりん・うす口しょうゆ　各大さじ3

鯛に熱湯をくぐらせると生臭みが消えるので、必ず熱湯をかけてください。
かぶらは大根より早く煮えると形がくずれてきてしまうので、煮すぎないように気をつけましょう。

1　鯛の切り身は熱湯をかけておく。
2　かぶは厚めに皮をむいて3cm角ぐらいに切り、米のとぎ汁でゆでる（竹串がスーッと通るくらいまで）。ゆずの皮は刻んでおく。
3　鍋にだしとAの調味料を煮立て、(1)を入れて5分ぐらい煮て取り出す。
4　(3)の煮汁にかぶを入れ、落としぶたをして弱火で煮含める。
5　かぶに味がしみたら鯛を鍋に戻し、温める。
6　(5)を器に盛り、ゆずの皮を添える。

油淋鶏（ユーリンチー）

材料（4人分）

鶏もも肉　2枚

A＝酒　大さじ2、しょうゆ・サラダ油
　　各大さじ1、塩　小さじ1/2、
　　生姜汁　小さじ2

片栗粉　　適量

レタス　　4～5枚

ねぎソース＝青ねぎ（刻む）1/2本、
　　　　　　しょうゆ　大さじ3、酢　大さじ2、
　　　　　　ごま油・酒　各小さじ1、
　　　　　　砂糖　大さじ2、
　　　　　　生姜（刻む）　1/2かけ

揚げ油　　適量

1　鶏もも肉は平たく均等にしてひと口大に切り、Aをもみ込む。

2　ねぎソースを作る。ボウルに材料をすべて入れ、混ぜ合わせる。

3　レタスはざく切りにする。

4　（1）に片栗粉をつけて油で揚げる。

5　器にレタスを敷いて（4）を盛り、ねぎソースをかける。

もも肉をひと口大に切る時に大きさを揃えておくと、均等に火が通り味もなじみます。
レタスの代わりにキャベツを合わせても、おいしいですよ。

アスパラの牛肉巻き

材料（4人分）
グリーンアスパラガス
太め12本（細ければ倍数）
牛肉（赤身）　300 ～ 400g
小麦粉　適量
A＝砂糖・酒・しょうゆ　各大さじ2

1 アスパラガスは根元のかたい部分を切り落とし、はかまを取ってサッとゆでる。
2 牛肉を広げて小麦粉を全体に軽くふり、(1) を巻く。(1) が細い時は2 ～ 3本、太ければ1本ずつ巻く。巻き終わりを下にしておく。
3 フライパンに油（分量外）を熱し、(2) の巻き終わりの部分を下にして並べ、中火で転がしながら焼き色をつける。
4 (3) のフライパンの油をふき取り、Aを熱して煮絡める。

お肉は熱が入ると縮むので、アスパラガスを巻く時はあまりきつく巻かないようにします。フライパンに並べる時には、ほどけてこないように、必ず巻き終わりを下にしてください。

肉団子のスープ煮

材料（4人分）
肉団子＝鶏ひき肉　300g、
おろし生姜　10g、
小麦粉　大さじ2、
卵　1/2個
筍《タケノコ》　100g
きくらげ　2～3枚
だし汁　カップ4
A＝酒・しょうゆ　各大さじ1、
塩　小さじ1/3、コショウ　少々
B＝酒・うす口しょうゆ
各大さじ1、塩　小さじ1/2強、
コショウ　少々
片栗粉　大さじ2

肉団子が大きすぎると中まで火が通りにくいので、そこそこの大きさに。
片栗粉でとろみをつける時は一気に入れず、とろみ具合を見ながら少しずつ加えていきましょう。

1 すり鉢に肉団子の材料とAを入れてよくする。
2 筍ときくらげは、幅1cm長さ3cmぐらいの短冊切りにする。
3 鍋にだし汁を煮立て、(1) をひと口大に丸めて加え、5分ほど煮る。
4 (3) に (2) を加え、ひと煮立ちしたらBを入れ、水大さじ4（分量外）で溶いた片栗粉を加えてとろみをつける。

棒棒鶏（バンバンジー）

材料（4人分）

鶏もも肉	2枚
青ねぎ	1本
生姜	1/2かけ
酒	大さじ2
きゅうり	1と1/2本
トマト	1/2個
塩・コショウ	各適量

A＝白練りごま　大さじ3、
砂糖・しょうゆ・酢　各大さじ2、
水　大さじ1、生姜汁　小さじ1、
トウバンジャン　小さじ1/2

1 鶏もも肉は皮と脂の部分を除き、塩、コショウ、酒をもみ込み、麺棒でたたいた生姜と青ねぎをのせ、10～15分蒸す。
2 (1) を5cm長さの細切りにする。
3 きゅうりはピーラーで長く薄切りにして、半分に切り、塩少々をふる。トマトはくし形に切る。
4 Aを合わせ、ごまだれを作る。
5 器にきゅうりを敷いて (2) をのせ、ごまだれをかけてトマトを添える。

生姜とねぎをたたいて繊維を壊すことで、より香りを引き出せます。
ここでは蒸していますが、夏場はもっと簡単に、ゆでて冷やしていただくのもおすすめです。

生徒さんの手書きレシピ。

京都市東山区の住宅で続けている寺子屋料理塾。私が教室の日までに必ず準備することといえば、献立とレシピを考えることです。主菜、副菜、小鉢、汁もの……。4～5品のメニューのなかには、餅菓子など簡単なデザートが加わる日もあります。毎回、家庭の日常的な献立をイメージして考えますが、私は和のメインにも副菜に洋風や中華風のメニューを合わせたりします。フレンチを食べに行って餃子やおからが出てきたらびっくりしますが、家庭では別に構わないと思うからです。ただ、夏に熱い料理や冬に冷たいものは食べないように、季節や気温には気を配ります。旬の食材をできるだけ使い、いろいろな調理法を考えることと、それが私の一番はじめの仕事です。

メニューが決まったら、教室を手伝ってくれている娘や嫁にホワイトボードに書いてもらい、生徒さんには、毎回それをノートに書き写してもらっています。これは母の頃からの習慣。書きながら作り方を頭に入れて欲しいという思いから続けていることです。「書くのに精一杯で頭に入らない」という声もちらほら聞きますが、皆さん、来た順から席に座り、黙々と書き写してくれています。ノートが5冊目になったという方や、インデックスで色分けしている方、それぞれ工夫をされているようでうれしくなります。生徒さんたちが自分だけのレシピ帳を大切に取り出し丁寧に書き込んでいる姿を見ると、私の方も、「よし、またおいしいメニューを考えよう」と、気持ちが前向きになるのです。

その二

季節感も味わえる
副菜いろいろ

アサリと小松菜の蒸し煮

材料（4人分）

アサリ	250g
小松菜	1/2把
酒	100cc
うす口しょうゆ	小さじ1

小松菜に限らず、チンゲン菜、菜の花でもおいしく作れます。

1 アサリは薄い塩水につけて砂出しして殻をこすってよく洗う。小松菜は3cmくらいに切る。

2 フライパンに油を少量（分量外）入れて小松菜の軸の部分炒める。しんなりしたら葉の部分、アサリを入れて炒める。小松菜にツヤが出たら酒を加え、ふたをして3分ほど蒸し煮にする（貝の口が開く）。

3 アサリから塩分が出るので、味を見ながらうす口しょうゆを加えて調節する。

筍《タケノコ》のはさみ揚げ

材料（4人分）

ゆで筍	500～600g
鶏ひき肉	150g
生姜	1かけ
白ねぎ	4㎝
酒	大さじ1
塩	小さじ1/4
片栗粉	大さじ1
溶き卵	適量
パン粉	適量
揚げ油	適量
サラダ菜	適量

鶏ひき肉が分厚いと中まで火が通らないので気をつけてください。筍の水気をしっかりふき取っておくと、油はねしないで揚がります。
「筍はそのまま炊いたり木の芽あえにしたりするもんや」と母に言われそうですが、お肉が入るので筍が苦手な方でもおいしくいただけるメニューです。

1 筍は5㎜厚さの輪切りにして2枚1組にする。大きければ縦半分に切る。生姜と白ねぎはみじん切にする。
2 鶏ひき肉は生姜、白ねぎ、酒、塩、片栗粉とよく混ぜる。
3 筍の水気をふき取って小麦粉をまぶし、(2)を厚さ5㎜でサンドする。
4 溶き卵とパン粉をつけ、強めの中火の油で揚げる。
5 皿につけ合わせのサラダ菜を敷き、上に並べる。

砂ずりのみぞれあえ

材料（4人分）

砂ずり	200g
大根	5㎝
大葉	2～3枚
塩・コショウ	各適量
片栗粉	適量
ポン酢	適量
揚げ油	適量

砂ずりの白い部分はかたいので包丁で除いておき、厚みがあるようなら半分にスライスしてください。大根おろしは軽く握って水気を切ってのせましょう。

1 砂ずりは半分に切り、白い部分を切り落として薄皮を取り除く。大根はおろし、大葉は細切りにする。

2 砂ずりに塩、コショウをして片栗粉をまぶし、油で揚げる。

3 (2) を器に盛り、大根おろしをのせて大葉をちらし、ポン酢でいただく。

筍《タケノコ》の地カツオ煮

材料（4人分）

筍（ゆでたもの）	400 ～ 500g
削りカツオ	カップ1と1/2
水	カップ4
砂糖	大さじ3
みりん	大さじ1
しょうゆ	大さじ4
木の芽	適量

ご飯のおともにぴったりな一品。しっかり味を煮含ませるのがポイントです。自分で削った削りカツオは、風味がよくきめ細やかです。ご自宅に削り節器があれば、ぜひお試しください。

1 筍は1cmの輪切りにする。

2 （1）と水、削りカツオを鍋に入れて中火にかけ、煮立ったら、砂糖、みりんを加えて4～5分煮る。

3 （2）にしょうゆを加え、煮汁が1/3くらいになるまで煮る。

4 1～2度鍋を返し、でき上がったら削りカツオとともに器に盛り、木の芽を添える。

土佐揚げ豆腐

材料（4人分）

絹ごし豆腐	1丁
削りカツオ	20g
小麦粉	適量
卵	1個
おろし大根	大さじ4
ポン酢	適量

1 絹ごし豆腐は8等分または12等分して、布巾に包んで水切りをする。
2 削りカツオは空煎りし、手でよくもんで細かくする。
3 絹ごし豆腐に小麦粉をまぶし、溶き卵にくぐらせて削りカツオをつけて揚げる。
4 器に（3）を盛り、おろし大根を添えてポン酢でいただく。

絹ごし豆腐はしっかり水を切り、余分な水分が出ないうちに手早く揚げてください。

ソラ豆の天ぷら

材料（4人分）

ソラ豆（実）	1袋（100g）
卵	1/2個
小麦粉	大さじ2
揚げ油	適量
塩	適量

1 ソラ豆はサヤから出して、薄皮をむく。
2 ボウルに卵を溶き、(1) と小麦粉を入れ、ざっくりと混ぜる。
3 鍋に油を熱し、(2) を1粒ずつ入れて揚げる。
4 塩をふって、いただく。

天ぷらの揚げ衣は冷たい方がカラッと仕上がります。溶き卵に氷を2、3個入れて小麦粉を合わせ、手早く衣をつけて揚げましょう。

豚肉のみぞれあえ

材料（4人分）
豚ロース肉　400g
大根　400g
細ねぎ　2～3本
小麦粉　適量
A＝酒・しょうゆ　各20cc、
　生姜汁　小さじ1
B＝酢・砂糖
　各大さじ1と1/2、
　しょうゆ　小さじ2、
　塩　小さじ1/3
揚げ油　適量

豚肉を調味料に絡めたまま長くおくと、味が入りすぎてかたくなってしまうので気をつけましょう。豚肉と大根は食べる直前に混ぜてくださいね。

1　豚肉は半分に切ってAを絡め、20分ほどおく。
2　大根はおろして軽く水気を切る。
3　(1)の汁気を切って小麦粉をまぶし、油で揚げる。
4　(2)とBを合わせ、(3)を加えてざっと混ぜる。
5　細ねぎを小口切りにする。(4)を器に盛り、ねぎをちらす。

鶏肝とエンドウ豆の炊いたん

材料（4人分）

鶏肝	150g
エンドウ豆（実）	1袋（100g）
生姜	1かけ

A＝砂糖　大さじ3と1/2、
しょうゆ　60cc、
酒　大さじ2、水　200cc

1 鶏肝は1cm角ぐらいに切り、水にさらしてしばらくおいて血抜きをし、サッとゆでる。

2 エンドウ豆はサヤから出して、ゆでる。生姜はみじん切りにする。

3 鍋に（1）と（2）のエンドウ豆を入れてAを加え、生姜ものせて、煮汁がほとんどなくなるまで煮る。

エンドウ豆は鍋に水をはり、サヤから出したら空気に触れないようにすぐ鍋に入れてそのままゆでてください。これは、子供の頃から祖母や母に必ず言われたことです。豆の皮がかたくならないためのコツですね。

なすのなべしぎ

材料（4人分）

なす	3本
豚ばら肉	150g
みそ	大さじ2
砂糖	大さじ1と1/2
酒	大さじ1と1/2
しょうゆ	大さじ1
タカノツメ	適量

おなすとおみそを合わせた料理を、「なべしぎ」と言います。
ご飯によく合うおかずで、お弁当の一品にもおすすめです。

1 なすはヘタを切り落とし、縦に6等分に切って水にさらす。豚肉は3cmに切る。

2 フライパンを中火にして豚肉をカリッと炒め、タカノツメを加える。

3 (2) に水気を切ったなすを加え、やわらかくなるまで炒め、みそ、砂糖、酒、しょうゆをまわし入れ、トロリとするまで炒める。

冬《トウ》瓜《ガン》のくずひき

材料（4人分）

冬瓜　1/4個

鶏ひき肉　100g

A＝だし汁　カップ2、

　酒　大さじ2、

　うす口しょうゆ　大さじ2、

　みりん　大さじ2、

　塩　ひとつまみ

片栗粉　大さじ2

おろし生姜　適量

冬瓜は５～６分ゆでてもまだかたいようなら、竹串がスッと通るくらいまでゆでてください。
片栗粉でとろみをつける時は、一度に入れず、様子を見ながら何回かに分けて加えましょう。

1　冬瓜は種とわたを取って厚めに皮をむき、ひと口大に切ってゆでる（沸騰後5分ぐらいして冬瓜が透き通ってくるまで）。

2　鶏ひき肉は酒とうす口しょうゆ各小さじ1（分量外）で下味をつける。

3　鍋にAの調味料を入れ、沸騰したら(2)をほぐしながら入れ、(1)の冬瓜を加える。

4　(3)がひと煮立ちしたら水大さじ4（分量外）で溶いた片栗粉を加え、とろみをつけておろし生姜を加える。

ひろうす

材料（4人分）

木綿豆腐	1丁
卵	1個
山いも	50g
干しきくらげ	3～4枚
にんじん	50g
ユリネ	1個
銀杏《ギンナン》	10～20粒

A＝片栗粉・小麦粉　各大さじ1、
みりん　小さじ1、塩　小さじ1/4

B＝だし汁　カップ2、砂糖
大さじ1と1/2、みりん　大さじ1、
うす口しょうゆ・酒　各大さじ2

揚げ油	適量
キヌサヤ	適量

形がくずれないように、豆腐は水切りをしっかりしてください。他の素材と炊き合わせる時は、20等分にして丸めるのがおすすめです。

1　豆腐は布巾に包んで重しをして水を切り、ザルでこしてすり鉢でよくすりつぶす。

2　山いもは皮をむいてすりおろし、(1) に加える。卵も加えてさらによくする。

3　水で戻したきくらげとにんじんをせん切りにする。

4　ユリネは1枚ずつはがしてサッとゆで、銀杏は煎って殻を取る。キヌサヤは筋を取りサッとゆでる。

5　(2) に (3) とAを加えてよく混ぜ、10等分にする。ユリネと銀杏を入れて平たく丸める。

6　(5) を中火の油で色よく揚げる。

7　鍋にBを入れて温め、(6) を油抜きして加え、中～弱火でゆっくり煮含める。

ブリのりゅうきゅう

材料（4人分）

ブリ（刺し身用）	片身または1/4身
生姜	1かけ
細ねぎ	3本
しょうゆ	適量
白ごま	適量

「りゅうきゅう」は刺し身をたれに漬けていただく大分の郷土料理。アジや鯛でもおいしいです。
漬け込む時間は30分くらいがいいと思いますが、濃い味がお好みなら時間をのばしてください。

1 ブリは刺し身よりやや薄く切る。
2 生姜は粗みじんに切り、細ねぎは小口切りにしてしょうゆと合わせ、(1) に混ぜて30分ほど漬け込む。ごまは煎っておく。
3 器に盛って、ごまをふる。

煎り豆腐

材料（4人分）

木綿豆腐	1丁
干ししいたけ	2枚
イカの足	1杯分
ごぼう	30g
にんじん	30g
油揚げ	1/3枚
こんにゃく	1/3枚
細ねぎ	2本

A＝だし汁　カップ1/2、
　砂糖　大さじ1、
　うす口しょうゆ　大さじ2、
　酒　大さじ2

具を切るのがちょっとめんどうに思うかもしれませんが、あとは炒めるだけですぐ完成するメニューです。

1　干ししいたけは水に戻して細切りにする。ごぼうは小ぶりのささがきにして水にさらす。こんにゃくは小さな短冊に切り、ゆでておく。にんじん、油揚げは細切りに、イカの足は細かく刻む。細ねぎは刻んでおく。

2　鍋に油大さじ2（分量外）を熱し、細ねぎ以外の（1）を炒め、Aの調味料を加える。

3　（2）に豆腐をつぶしながら加え、水気を飛ばすように混ぜながらよく煎りつけ、味がなじんだら刻んだ細ねぎをふる。

親子だし巻き

材料（4人分）

卵	4個
鶏ひき肉	40g
細ねぎ	1本
砂糖	小さじ1
酒	大さじ1/2
しょうゆ	大さじ1/2
だし汁	60cc（卵の1/4量）
塩	小さじ1/8
うす口しょうゆ	小さじ1
みりん	小さじ1

鶏のひき肉をほぐす時は、お箸を4本ほど手早く動かしてかき混ぜながら、細かくほぐしてください。

1 鶏ひき肉は小鍋に入れ、砂糖と酒、しょうゆを加えて煎り炊きする。細ねぎは小口切りにする。

2 卵は割りほぐし、だし汁、塩、うす口しょうゆ、みりんで味付けをする。

3 (1) と (2) を合わせ、だし巻きの要領で巻いていく。

4 巻きすで形を整え、適当な大きさに切る。

タラの子の炊いたん

材料（4人分）
タラの子　2腹
だし汁　適量
砂糖　大さじ3
酒　大さじ3
しょうゆ　大さじ3
みりん　大さじ1
キヌサヤ　5枚

1　タラの子は1袋ずつ半紙に包んで糸で縛り、10～15分ゆでる。キヌサヤはゆでて斜め半分に切っておく。
2　(1) のタラの子の紙をはがして、1.5cm幅に切る。
3　平鍋に (2) を並べて、だし汁をヒタヒタに入れ、砂糖、酒、しょうゆ、みりんを加え、火にかける。沸騰したら中火にして、煮汁が底に少し残るくらいまで煮る。
4　器に盛り、キヌサヤを添える。

タラの子を半紙に包む時や炊く時は、くずれないように丁寧にしてくださいね。
おせち料理でも定番の一品です。

里いもまんじゅう

材料（4人分）
里いも　8～10個
鶏ひき肉　150g
干ししいたけ　1枚
A＝だし汁　カップ1/4、
砂糖　小さじ1、酒　大さじ1、
うす口しょうゆ　大さじ1
B＝だし汁　カップ2と1/2、
みりん　大さじ2、
うす口しょうゆ　大さじ2、
酒　大さじ2
片栗粉　小さじ1
生姜汁　小さじ2
三つ葉　適量

里いもは熱いうちに裏ごしなどをして、なめらかにしてください。
まんじゅうの大きさに合わせて器を選び、盛りつけましょう。

1 里いもはきれいに洗って皮をむき、蒸す。または皮のまま電子レンジで加熱（4個で5～6分）し、やわらかくして皮をむく。熱いうちに裏ごしするか、フードプロセッサーでペースト状にし、1個40gぐらいに丸める。
2 干ししいたけは戻してせん切りにし、鶏ひき肉とともにAで炊いてザルに上げ、汁気を切る。バットに移し、片栗粉と生姜汁を混ぜ、20gずつに分ける。
3 ラップに（1）を広げて（2）を包み、丸める。器に入れ、電子レンジで加熱する（4個で5～6分）。
4 鍋にBを煮立て、片栗粉大さじ2を水大さじ4（ともに分量外）で溶いて加え、とろみをつけて（3）にかける。
5 三つ葉を適当な長さに切り、添える。

伊達巻（厚焼き卵）

材料（4人分）

卵	6個
はんぺん	2枚
砂糖	100g
うす口しょうゆ	小さじ1と1/2
酒	大さじ2
塩	少々
だし汁	大さじ2

以前は直火で焼いていましたが、すぐ焦げてしまうので、この頃はオーブンで焼くようにしています。
おせちのお重に入れたり、お寿司の具にしたりお好みで。

1 材料すべてをミキサーに入れ、1分かけたらこす。

2 型（25cm×19cmぐらいのバットでよい）に硫酸紙などを敷き（フライパンにくっつかないアルミ箔でもよい）、油（分量外）を塗る。

3 （2）に（1）を流し入れ、160度のオーブンで28～30分焼く。

4 焼けたら熱いうちに紙をはがし、幅の狭い方を手前にして鬼すだれで巻き、輪ゴムで留めておく（なければ巻きすでもよい）。

5 冷めてから、適当な大きさに切り盛りつける。

なめこの揚げ出し豆腐

材料（4人分）

木綿豆腐　1丁

大根　5cm

なめこ　1袋

細ねぎ　適量

だし汁　カップ1と1/2

A＝酒・みりん・しょうゆ
各大さじ3

小麦粉　適量

片栗粉　大さじ1

揚げ油　適量

豆腐はよく水気を切らないと、揚げる時に油が飛ぶので気をつけてください。
大根おろしは軽く両手にはさんで水気を切るのがおすすめです。

1　豆腐は布巾で包み重しをして水切りし、4等分にする。なめこはサッとゆでる。大根はおろし、細ねぎは小口切りにする。

2　鍋にだし汁、A、なめこを入れ、サッと煮る。

3　豆腐は小麦粉をまぶし、油で揚げる（水気が出るので小麦粉をつけたらすぐに揚げる）。

4　(2) をもう一度煮立て、水大さじ2（分量外）で溶いた片栗粉を加えてとろみをつける。大根おろしを加えてひと煮立ちさせる。

5　豆腐を器に盛りつけ、(4) をかけて細ねぎを添える。

えびいもの揚げ出し

材料（4人分）
えびいも　4個
片栗粉　　適量
A＝水　カップ1、
　しょうゆ・みりん　各25cc、
　砂糖　小さじ1、
　削りカツオ　カップ1と1/2
大根　　　10cm
細ねぎ　　2～3本
揚げ油　　適量

えびいもは皮をむいてからゆでるとぬめりが出るので、ゆでてから皮をむいてください。

1　えびいもはきれいに洗い、皮ごとやわらかくなるまでゆでる。
2　(1) の皮を厚めにむいて5cmの輪切りにする。
3　(2) に片栗粉をつけて、油で揚げる。
4　鍋にAを煮立てたら、こす。大根はおろして水を切り、細ねぎは小口切りにする。
5　(3) を器に盛り、(4) のだし汁をはり、大根おろしと細ねぎをのせる。

空也蒸し

材料（4人分）
木綿豆腐　1丁
卵　　　　2個
細ねぎ　　1本
A＝だし汁　カップ2（卵の4倍）、
　　塩・みりん　各小さじ1/2、
　　うす口しょうゆ　小さじ1
B＝だし汁　カップ1、
　　うす口しょうゆ　小さじ1、
　　塩　小さじ1/2

温かいうちにいただきたい一品です。
豆腐はくずれやすいので、丁寧に器に入れましょう。
蒸す時の温度が高いと卵にすが入る（小さいブツブツができる）ので、中火のままで蒸し上げてください。

1　豆腐は布巾で包み重しをして水切りし、4等分に切る。細ねぎは小口切りにする。
2　鍋にBを煮立てて豆腐を入れ、5分煮たら汁気を切る。
3　卵をほぐし、Aと合わせてこす。
4　深めの器に（2）を入れて（3）を流し込み、中火の蒸し器で15～20分蒸す。
5　（4）の豆腐の上に細ねぎを添える。

包丁を大事に扱ってこそ。

教室では、皆さんにマイ包丁を持っていただいています。これは、自分の包丁でなければ扱いが乱雑になったり錆びさせてしまうこともあるため、「自分の包丁を使って、管理も手入れもきちっとするように」との母の考えからです。

包丁はそれぞれ名前が刻ってあり、サヤに入っています。教室にある稽古日別の引き出しに保管しておく方や、毎回持ってくる方などさまざまですが、皆さんきちっと自己管理をされています。

包丁を使った後はしっかりと磨き洗いをし、乾いた布でよくふいてから片付づけます。そして、月1度程度は砥石を使って自分で研いでみるとよいと思います。そうすれば、常にきれいで切れ味も良い状態を保てます。やはり包丁の切れ味で料理の味も変わりますし、何より食材がスパッと切れるのは気持ちが良いこと。教室では、「包丁の手入れも料理のうち」と教えています。実は、息子が刃物の研ぎ職人なので時々研いでもらうのですが、切れ味が全然違うので驚きます。日頃手入れをしていても、年1回くらいはプロの方に研いでもらうのもおすすめですね。

包丁もいろいろと種類がありますが、まず1本は、肉、魚、野菜とすべてに使える三徳包丁があるといいでしょう。そして、できれば小さ目のペティナイフもあると便利です。よく、魚を三枚におろしたいと言われる方もいますが、器用不器用もあり、私自身、三枚におろすと骨の方に身が多くくっついてしまうので、スーパーの魚屋さんでおろしてもらっています。鯛のアラも出刃包丁でカットしますが、力が要るのでこれも頼んでいます。こんな風に魚屋さんの力も借りながらだと、三徳、ペティナイフで事足りると思います。

その三

野菜たっぷり
華やかサラダ

トマトとみょうがの甘酢サラダ

材料（4人分）
トマト　2個
みょうが　2個
大葉　2枚
A＝酢　大さじ4、
　砂糖　大さじ1、
　塩　少々

甘酢風味でさっぱりとした後味のサラダです。
ゆで卵を細かくしてちらすなど、お好みでアレンジを。

1 トマトはヘタを取り、5㎜厚さの輪切り、または半月切りにする。みょうがは縦半分に切り、斜め薄切りに、大葉はせん切りにする。

2 ボウルにAを入れて混ぜ、みょうがを加えてひたす。

3 器にトマトを並べて（2）をまわしかけ、大葉をちらす。

豆腐のサラダ

材料（4人分）
絹ごし豆腐　1/2丁
レタス　3枚
ミニトマト　5個
乾燥ワカメ　2g
みょうが　2個
きゅうり　1/2本
A＝梅肉・だし汁・サラダ油　各大さじ2、
しょうゆ　大さじ1と1/2

豆腐はしっかり水気を切り、でき上がったら冷蔵庫で冷やしておきます。
口あたりがいいので、特に夏場におすすめです。

1　豆腐は布巾に包んでしっかり水切りし、ひと口大に切る。
2　レタスはひと口大に切る。ミニトマトはヘタを取り二つ割りに、ワカメは水で戻して水切りする。きゅうりは小口切りにする。
3　みょうがはみじん切りにしてAと合わせる。
4　器に（1）と（2）を盛り、（3）をかける。

春雨のサラダ

材料（4人分）
春雨　50g
ハム　2枚
きゅうり　1本
きくらげ　10g
A＝しょうゆ　大さじ2、
砂糖・みりん・ごま油
各大さじ1/2、
酢　大さじ1と1/2

中華風の献立におすすめです。
春雨は調味料を吸い込むので、ややかためにゆでるのがコツです。

1　春雨はゆでて食べやすい大きさに切る。きくらげは水で戻してサッとゆでてハム、きゅうりとともにせん切りにする。
2　(1) を混ぜ合わせ、Aを加え混ぜる。

カツオのたたき風サラダ

材料（4人分）
カツオ　サク（3枚におろし、背と腹に切ったもの）　2本
細ねぎ　5～6本
にんにく　1/2かけ
生姜　1かけ
大葉　10枚
みょうが　1～2個
キャベツ　200g
きゅうり　1本
ワカメ　適量
ポン酢　適量

カツオの身を焼く時は、焼きすぎないように。表面だけサッと焼いたら冷水につけてください。

1　カツオに3～5本の金串を放射状に通す。強火で皮の方から表面だけ全体をサッと焼き、氷水にさらして冷やし、水気をふき取る（市販のたたき用のカツオを使ってもよい）。
2　(1) を7～8㎜の厚さに切り、皿に並べる。
3　細ねぎは小口切り、にんにくと生姜はみじん切り、大葉はせん切り、みょうがは薄切りにして混ぜ合わせ、(2) の上にちらす。
4　キャベツはせん切り、きゅうりは薄切り、ワカメはひと口大に切り、混ぜ合わせる。(3) の上にのせてポン酢をかけ、冷蔵庫で冷やす。

トマトと玉ねぎの甘酢サラダ

材料（4人分）

トマト（中）	2個
玉ねぎ（中）	1/2個
生姜	1かけ
砂糖	大さじ3
酢	大さじ3
塩	小さじ1/2
卵	1個

玉ねぎは薄切りでも構いませんが、みじん切りにして布袋に入れ、冷水でもみ込んで絞ると特有の臭いがなくなります。グンと食べやすくなり、玉ねぎが苦手な人にもおすすめです。

1　トマトは冷やして皮をむき、7～8㎜の厚さに輪切りする。玉ねぎはみじんに切って布袋に入れて冷水にさらし、かたく絞る。生姜はおろす。卵をゆで、みじん切りにする。

2　器にトマトを並べ、上に玉ねぎと卵をのせ、おろし生姜、砂糖、酢、塩を合わせてかける。食べる直前まで冷やす。

豚しゃぶ風サラダ

材料（4人分）

豚ロース薄切り肉	300g
ゆで卵	2個
きゅうり	1本
トマト	1～2個
レタス	数枚
ごまだれ（またはポン酢）	適量

さっぱりとしていて、暑い日にも箸が進みます。お好みのドレッシングをいろいろ合わせて味わってください。
豚肉は熱湯につけすぎず、色が変わったらすぐ冷水に取りましょう。

1 豚ロース肉は熱湯にくぐらせ、色が変わったら冷水に取る。
2 ゆで卵は殻をむいて縦六つ割に、きゅうりはひと口大に切る。トマトはヘタを取り、くし形に切る。レタスはひと口大にちぎる。
3 大皿に(1)を真ん中に盛り、(2)を周囲に飾る。
4 ごまだれかポン酢でいただく。

大根サラダ

材料（4人分）

大根	1/2本
三つ葉	1/2把
鶏ささ身	2本

ドレッシング＝酢、しょうゆ、油を同量で合わせる

1 大根は皮をむき、5cmの輪切りにして縦にせん切りにし、水に放ってパリッとさせ、水気をしっかり取っておく。
2 鶏ささ身は鍋に入れ、ヒタヒタの酒と塩ひとつまみを加え酒煎りする。粗熱が取れたら細かく割いておく。
3 三つ葉は3cmに切る。
4 大皿に（1）を盛り、（2）をのせ、さらに（3）をのせる。
5 （4）にドレッシングをまわしかける。

油っこい献立にも合うサラダです。大根を切る時は繊維に沿って切るのを忘れないように。
鶏肉の下ごしらえは、酒蒸しにすると手間なので、お鍋一つでできる酒煎りにしています。

れんこんのサラダ

材料（4人分）
れんこん　100g
トマト　　小1個
玉ねぎ　　1/4個
パセリ　　少々
A＝レモン汁　1個分、
　蜂蜜　大さじ1、
　塩・コショウ　適量、
　オリーブオイル　大さじ3

1 れんこんは皮をむき、半月形の薄切りにして酢水につけ、水気を切る。パセリは刻む。トマトはヘタを取って皮をむき、種を除いて粗みじんにする。玉ねぎは薄くスライスして氷水につけ、水気を切る。
2 Aをボウルに入れ、混ぜておく。
3 れんこんは酢を少々加えた熱湯で2分くらいゆで、水気を切って（2）に入れ、ラップをしてしばらくおく。
4 （3）にトマトと玉ねぎを加えて混ぜる。
5 器に盛ってパセリをちらす。

れんこんは酢水にさらしてアクを取り、色止めをします。シャキシャキ感が残るように、ゆですぎないようにしてください。
玉ねぎのスライスは氷水にさらし、独特の臭みや苦味を抑えてから加えましょう。

昔の道具と今の道具と。

これだけ長く料理教室をしていたら、いろいろな道具があります。物置には、私の知らない道具や何に使うか分からないものもあります。

昨今は、我が家にあるごま煎り器を「これ何ですか」と、不思議そうに眺めている生徒さんもいます。説明すると、そんな道具があるのかと驚かれ、「でも私なら、迷わずすりごまを買います。ごまを煎ってすり鉢ですり、さらにその後で洗う手間を考えたら、断然便利ですから」とのこと。確かに、今はおいしいすりごまも手軽に買える時代。家でごまをする人は少ないだろうなと思ったりしますが、別の生徒さんからは、「ごまをすっている時の、あの香りがたまらない」という声もあり、まあ人それぞれだなと思います。

大根おろし器、キャベツのせん切りマシーンなど、最近は便利な調理道具もたくさん出回っています。道具を揃える時は、いろいろ試してみて、便利さ、味、できばえを比べ、自分が良いと思うものを選べばいいと思います。私も、今時の電化製品を使って作ることもあります。でも、おろし大根をする時は、昔ながらの重たいおろし金と決めています。すりおろした大根を食べると、キメの細かさなど違いは歴然。とてもおいしいのです。

その四

もう一品欲しい時の
簡単おかず

菜の花のみそネーズあえ

材料（4人分）
菜の花　　1把
A＝すりごま（白）・砂糖・
　白みそ・マヨネーズ
　各大さじ1
しょうゆ　少々

菜の花のほろ苦みが苦手な人は、ほうれん草で作ってみてください。

1　菜の花は3cmぐらいに切り、ゆでてかたく絞り、しょうゆをふりかけておく。
2　Aを合わせて（1）をあえ、器に盛る。

フキのピーナツしょうゆ

材料（4人分）

フキ	1/2把
ピーナツ	50g
砂糖	大さじ2
しょうゆ	大さじ3

1　フキは葉を取り、鍋に入る大きさに切って板ずりし、5～6分ゆでる。皮をむいて3～4cmの長さに切り、水気を切る。

2　ピーナツは細かく刻み、すり鉢でよくすって砂糖としょうゆを加え混ぜる。

3　(1)を(2)であえて器に盛る。

ピーナツの風味豊かなあえ衣です。ピーナツをすりつぶす時は、スピードカッターやフードプロセッサーを使うと便利です。

カリフラワーとブロッコリーのピーナツバターあえ

材料（4人分）

カリフラワー	1/2株
ブロッコリー	1/2株
ピーナツバター（無糖）	大さじ3

A＝砂糖　大さじ2、
　しょうゆ　大さじ3、
　酢　大さじ1

ピーナツバターでコクを出しました。やわらかい食感を好む方は、カリフラワーとブロッコリーをもう少し長めにゆでてください。

1　カリフラワーとブロッコリーはひと口大に切り分け、熱湯で1分ゆでる。

2　ボウルにピーナツバターとAを入れてだまにならないように混ぜ合わせ、(1) をあえて器に盛る。

蛸《タコ》ときゅうりのマリネ

材料（4人分）

ゆで蛸の足	2本
きゅうり	2本
酢	大さじ2
しょうゆ	大さじ2
砂糖	小さじ2
オリーブオイル	小さじ2

1　蛸はひと口大の乱切りにする。

2　きゅうりは蛇腹切り（P81参照）にして塩少々をふる。しんなりしたら蛸と同じ大きさに切って絞る。

3　酢、しょうゆ、砂糖、オリーブオイルを混ぜ合わせ、（1）と（2）をあえて冷やす。

蛸の足の先端はかたいので、取り除いてください。
オリーブオイルの代わりに、ごま油でもおいしくいただけます。

トマトとオクラのカツオしょうゆあえ

材料（4人分）

トマト	大1個
オクラ	5本
削りカツオ	1パック（3g）
しょうゆ	大さじ2

オクラはお湯につけておくとネバネバが増してくるので、ゆでたらすぐにお湯から出してください。

1 トマトはヘタを取り、湯むき（熱湯に10秒ほどくぐらせて冷水に取り、皮をむく）して、ひと口大に切る。オクラは塩（分量外）をまぶし表面をこすってうぶ毛を取り、ヘタの周囲の黒い部分を切り取る。ややややわらかめにゆでて、ひと口大に切る。
2 （1）のトマトとオクラを混ぜ合わせる。
3 しょうゆと削りカツオを合わせておく。
4 （2）と（3）を合わせ混ぜる。

蛇腹きゅうりの辛味漬け

材料（4人分）
きゅうり　3本
干ししいたけ　3枚
生姜　1かけ
タカノツメ　1本
ごま油　大さじ2
A＝酢　大さじ3、
しょうゆ　大さじ3、
水　大さじ3、
砂糖　大さじ2

蛇腹切りをする時は、まな板の上にきゅうりをおき、奥と手前に割り箸を１本ずつ並べてはさみながら切ると、きれいに仕上がります。

1　きゅうりは蛇腹切り（斜めに細く半分まで包丁目を入れ、裏返して今度は横に細く半分まで包丁目を入れる）にして濃いめの塩水に7～8分つける。水洗いして水気を絞り、ひと口大に切ってボウルに入れる。
2　干ししいたけは水で戻してせん切り、生姜もせん切りに、タカノツメは種を取って小口切りにする。
3　厚手の鍋にごま油を熱して(2)を炒め、Aを入れてひと煮立ちさせる。
4　(1)に(3)をかけ、冷蔵庫で冷やす。

なすとみょうがの刻み漬け

材料（4人分）

なす	2個
みょうが	2個
塩	少々
昆布茶	適量

冷やすと一層おいしくいただけます。色が変わりやすいので、食べる直前に1回分ずつ作りましょう。大葉のせん切りを加えるのもおすすめです。
昆布茶がない場合は塩だけでも構いません。

1 なすは薄い半月切りにしてボウルに入れ、塩少々を加えて混ぜておく。
2 みょうがは縦半分に切って薄切りにする。
3 (1) に (2) を加えて昆布茶を好みの味だけ加え、手でもんでしっかり絞る。
4 (3) をほぐして器に盛る。

ズイキの酢みそあえ

材料（4人分）
ズイキ　1束
A＝白みそ　100g、
　　砂糖・酢　各大さじ3

旬の味をさっぱりと楽しめます。ズイキを酢水につけてアク抜きをしてください。下ゆでした後よく絞っても水っぽくなるので、あえるのはいただく直前に。

1　ズイキは皮をむき、3～4cmに切って酢水につける。汁気を切って5～6分ゆでた後、水にさらしてしっかり絞る。
2　ボウルにAを合わせ、(1) をあえる。

なすのオランダ煮

材料（4人分）

なす	4〜6本
だし汁	70cc
砂糖	50g
酒	40cc
しょうゆ	100cc
みりん	70cc
揚げ油	適量

オランダから伝わった料理が甘辛い味だったことから、昔は甘辛い煮物のことをオランダ煮と呼んだそうです。
揚げたなすの表面に、ところどころ竹串で穴を開けると、味がしみ込みやすくなります。
ひと晩漬けておき、よく味をなじませてもおいしいです。

1 なすはヘタを切り落とし、中温の油でまるごと素揚げしたら、竹串で穴を開ける。
2 すべての調味料を鍋に入れて合わせ、ひと煮立ちさせる。
3 熱いうちに（2）に（1）を入れて30分ほどおき、たれとともに器に盛る。（冷たく冷やしてもおいしい）

鱧《ハモ》皮ときゅうりの酢の物

材料（4人分）
鱧の皮　50g
きゅうり　2本
生姜　1かけ
A＝酢　70cc、砂糖　大さじ1、
　うす口しょうゆ　小さじ1/3、
　塩　小さじ1/4

1　鱧の皮はせん切りにし、熱湯をかけておく。
2　きゅうりは薄く輪切りにして塩少々（分量外）でもみ、しんなりしたら水洗いして絞る。生姜はせん切りにする。
3　Aで（1）、（2）をあえる。

食感が小気味よい、大人好みの一品。
鱧皮は熱湯をかけて油抜きをしたら、冷やしておきましょう。

なすの生姜漬け

材料（4人分）
なす　　4本
生姜汁　1かけ分
A＝だし汁　カップ1、
　　みりん　カップ1/4、
　　しょうゆ　カップ1/4、
　　砂糖　小さじ1
揚げ油　適量
針生姜　1かけ分

仕上げに、なすの表面に竹串で適当に穴を開けておくと、より味が染み込みます。
2～3日は日持ちするので、多めに作り、冷蔵保存しておくのもおすすめです。

1　なすはまるごと油で揚げる。
2　流水で(1)の皮をむき、ザルにとって水気を切る。
3　鍋にAの調味料を入れて一度煮立て、冷ましておく。生姜汁を加え、(2)を漬ける。
4　器に盛り、針生姜を添える。

焼きなすのごまあえ

材料（4人分）

なす	4本
すりごま（白）	大さじ3
砂糖	大さじ1
しょうゆ	大さじ2

1 なすはまるごと網で焼いてヘタを取り、皮をむいて適当な大きさに割く。ザルや網の上にしばらくおいて水気を取る。

2 ごま、砂糖、しょうゆを合わせ、(1) をあえる。

なすは焼く前に、縦に筋を入れるように4本くらい皮に切り目を入れておくと、むきやすいです。

なすとオクラのごまあえ

材料（4人分）

なす	3本
オクラ	5本
白ごま	大さじ山盛り3
砂糖	大さじ山盛り1
しょうゆ	大さじ山盛り2

なすなど、水気の多い食材は、いただく直前にあえるようにしましょう。

1 なすは皮をむいてヘタを取り、しばらく水につけておく。電子レンジで5〜6分加熱し、適当な大きさに切る。

2 オクラは塩（分量外）をまぶし表面をこすってうぶ毛を取り、ヘタの周囲の黒い部分を切り取る。やわらかめにゆでて、小口切りにする。

3 白ごまは煎って、すり鉢でよくすり、砂糖としょうゆを合わせる。

4 (1) と (2)、(3) を合わせ混ぜ、器に盛る。

ほうれん草の白あえ

材料（4人分）

ほうれん草	1把
にんじん	30g
こんにゃく	1/4枚
豆腐	1/2丁
白ごま	大さじ3
砂糖	大さじ1
うす口しょうゆ	大さじ1

A＝だし汁　カップ1、
砂糖・うす口しょうゆ
各大さじ1

白ごまと豆腐は、だまが残らないようにすり鉢でしっかりすり、ペースト状にしてください。

1 ほうれん草は3cmに切り、サッとゆでてしっかり絞ってほぐしておく。にんじんは細切りにする。こんにゃくは小さめの短冊に切ってゆで、にんじんと一緒にAで煮て、下味をつける。

2 豆腐は布巾で包み、重しをしてしばらくおき、水気を切る。

3 白ごまは煎ってすり鉢でよくすり、豆腐を加えてさらにする。

4 (3) に砂糖とうす口しょうゆを加えてすり混ぜ、ほうれん草と汁気を切ったにんじん、こんにゃくをあえる。

菊菜としめじのおひたし

材料（4人分）

菊菜	1把
しめじ	1/2袋
しょうゆ	大さじ2
みりん	大さじ2
だし汁	大さじ1

香り高い秋の小鉢です。
ほんのひと手間でできます。

1 菊菜は3～4cmの長さに切って、茎の方から先に熱湯に入れ、葉は後に加えてサッとゆでる。しめじは石づきを取り、ほぐして湯通しする。

2 (1) をかたく絞って水気を切り、ほぐした後、しょうゆとみりん、だし汁であえる。

畑菜のからしあえ

材料（4人分）
畑菜　1把
A＝砂糖　大さじ1、
　しょうゆ　大さじ2、
　溶きからし　小さじ1～2

畑菜は味がしみ込みにくいので、しょうゆ洗い（しょうゆをサッと絡めて絞る）をしてください。
ほうれん草や小松菜など、他の青菜を使ってもおいしく作れます。

1　畑菜は3㎝ぐらいに切り、ゆでて絞る。
2　(1) にしょうゆ少々（分量外）をかけて混ぜ、軽く絞る。
3　Aを合わせ、(2) をあえる。

何度も何度もするうちに。

　生徒さんのなかに揚げものが得意な方がいらして、メニューに揚げものがある時は、彼女が他のことをしていても呼ばれ、油鍋の前に立っています。聞けば、幼少の頃から揚げものは彼女の係で、「揚げといて」と頼まれてはいつも揚げていたそうです。私の場合は、餃子の皮をこねるのが子どもの頃からの仕事。他所で遊んでいても、餃子の日は必ず帰らされたものです。何度もやっているうちに、子ども心にも粉と水の加減などは自然に指先で分かるようになりました。おかげで、長じてお菓子やパンを作る時も、あの感覚が生きています。

　繰り返しのなかで心掛けたいのは、ちょっとしたことやひと手間など、自分なりに工夫をすること。どんなことでも、コツコツとその体験を積み重ねることで、やがて、得意なことにつながっていくのだと思います。

　当時の母はそんな深い考えではなく、自分の仕事を一つ助けてもらいたいという気持ちで私に任せたのだと思いますが、今思えば、同じことを何度もすることは、決して無駄ではなかったようです。

その五

まとめて作っておきたい
常備菜

ウドのきんぴら

材料（4人分）
ウド　1本
A＝だし　大さじ1、
　うす口しょうゆ・砂糖・酒
　各大さじ1と1/2
ごま油　適量
白ごま　少々

ウドは酢水につけてアク抜きをしてください。
ウドの皮だけでも作れるので、ウドの料理をする時にはむいた皮で作るといいでしょう。

1　ウドは皮ごと3～4cmの長さのせん切りにして酢水につける。
2　(1)の水気を切ってごま油で炒め、Aを加えて水分がなくなるまで強火で炒める。仕上げに白ごまをふる。

フキの葉のつくだ煮

材料（4人分）
フキの葉　1把
ちりめんじゃこ　ひとつかみ（20g）
A＝だし汁または水　大さじ1、
　みりん　大さじ2、
　酒　大さじ3、
　しょうゆ　カップ1/4

ほのかにフキの香りが残る一品です。なるべく新しい葉を使い、色が黒ずんでいるところや葉先がかたい部分は取り除いてください。水につけてアク抜きをしてから刻みましょう。

1　フキの葉はゆでてしばらく水につけ、かたく絞ってみじん切りにする。
2　(1)、ちりめんじゃこ、Aをすべて鍋に入れ、落としぶたをして煮汁がなくなるまで中火で煮る。

ハチクとエンドウ豆とちくわの炊いたん

材料（4人分）

ハチク	2本
エンドウ豆（実）	1袋（200g）
ちくわ	2本
A＝砂糖・酒	各大さじ1、
しょうゆ	大さじ2
だし汁	適量
ぬか	適量

筍の季節が終わったら作る、春恒例のおばんざいです。毎年作るたびに、幼い頃にハチクとちくわの穴にエンドウ豆が入っているのを見つけては、そればかり食べたことを思い出します。
ハチクは筍よりも細く扱いも楽なので、ぜひ試してみてください。

1 ハチクはぬかを入れてゆで、皮をむいて5mm厚さに切る。エンドウ豆はサヤから出し、やわらかくゆでる。ちくわは5mm幅に切る。

2 鍋に（1）とヒタヒタのだし汁を入れ、Aを加えて煮汁が1/3くらいになるまで煮る。

新生姜の甘酢漬け

材料（4人分）
新生姜　400g
塩　　　40g
A＝砂糖　100g、酢　200g

新生姜が出はじめる４月頃は値段が高いので、手頃な価格になるまで待ってから購入し、毎年1kgほど漬けています。冷蔵保存で１年くらいは持つので、多めに作っておくと便利です。

1 新生姜はきれいに洗い、黒ずんだところや皮は取り除く。薄く切って塩をふり混ぜ、水気が出るまで15分くらいおく。
2 (1) を布巾に包み、かたく絞る。
3 Aをボウルに合わせ、(2) を漬ける。
4 (3) をガラス容器などに入れ、冷蔵庫で保存する。（翌日から食べられる）

ゼンマイと油揚げの炊いたん

材料（4人分）
ゼンマイ（水煮）　1袋（70g）
油揚げ　1/2枚
だし汁　300cc
A＝しょうゆ　大さじ1と1/2、
　砂糖　大さじ1、
　みりん　大さじ1/2

油揚げは、使う分だけ切って油抜きをすると断面から油分が入ってしまうので、一枚全部を油抜きして、必要な分だけ使うようにしてください。

1　ゼンマイは洗ってザルに上げ、3cmぐらいに切る。油揚げは油抜きして縦半分に切り、1cm幅に切る。
2　鍋に（1）を入れ、ヒタヒタのだし汁とAを加え、中火で煮汁が1/3くらいになるまで煮る。

糸こんちりめん

材料（4人分）
糸こんにゃく　1袋（150g）
ピーマン　2個
ちりめんじゃこ　30g
A＝砂糖　小さじ1、
しょうゆ　大さじ3、
みりん　大さじ2、
酒　大さじ2
ごま油　大さじ1

強火で手早く仕上げてください。
ご飯がすすむ甘辛味で、お弁当にもおすすめです。

1　糸こんにゃくは5cmの長さに切り、ゆでる。ピーマンは縦に細切りにする。
2　ごま油をフライパンに入れ、糸こんにゃくを炒める。水分を飛ばしてからピーマンを加え、さらに炒める。
3　ピーマンがしんなりしたらちりめんじゃこを加えて炒め、Aの調味料も加えて汁気がなくなるまで強火で炒める。

大豆の五目煮

材料（4人分）

大豆	250g
水	カップ1/2
砂糖	60g
しょうゆ	60cc

具＝にんじん　50g、
　　ゆで蛸《タコ》の足　1本、
　　こんにゃく　1/4枚、
　　ごぼう　50g、
　　れんこん　50g

1　鍋に水、砂糖、しょうゆを入れて煮立て、火を止める。大豆をきれいに洗ってその中に6～7時間つけておく。

2　具はすべて大豆と同じぐらいの大きさに切る。ごぼうは酢水にしばらくつけておく。

3　(1) を大豆がやわらかくなるまで弱火で煮る（1.5時間ほど）。途中で煮汁がなくなったら水を足す。

4　(3) に (2) を入れ、具がやわらかくなるまで煮る。

豆は煮ている間に空気に触れると皮にしわが寄ってしまうので、豆が空気に触れないように、煮汁（水）を足しながら煮てください。

高野豆腐の含め煮

材料（4人分）
高野豆腐　4枚
A＝だし汁　カップ5、
　砂糖　大さじ7、
　酒　大さじ3、
　うす口しょうゆ　小さじ2、
　塩　小さじ2と2/3

1　高野豆腐はバットに並べ、湯（50～60度）をかけてしばらくおき、ふっくらとするまで戻す。
2　(1)を流水の中で、両手ではさんで水が濁らなくなるまで押し洗いをして水気を押し絞る。
3　(2)が平らに並ぶ鍋にAを入れて火にかけ、煮立ったら落としぶたして弱火で15～20分煮て、そのまま冷めるまでおく。
4　(3)を食べやすい大きさに切って器に盛る。

昔ながらのおばんざいです。
高野豆腐は、水気を押し絞り食べやすい大きさに切ってから、煮汁で炊いても構いません。

半熟味たまご

材料（4人分）

卵	4個
だし汁	480cc
しょうゆ	120cc
砂糖	大さじ3

生卵をお湯に入れる時、卵のおしりにちょこっとヒビを入れておくと、殻がむきやすいです。
煮汁にひたしたままで、冷蔵保存でき、1週間ほど漬け込むと味がしっかりなじみます。
ラーメンの具にもおすすめですよ。

1　卵は沸騰したお湯に入れ、弱火にして8分ゆでる。白身を傷つけないように丁寧に殻をむく。

2　だし汁、しょうゆ、砂糖を鍋に入れ、ひと煮立ちさせたら火を止めて冷やす。

3　(2) の中に (1) を入れ、3時間以上漬ける。

牛肉のしぐれ煮

材料（4人分）

牛肉（赤身）	400g
砂糖	50g
酒	80cc
しょうゆ	80cc
たまりしょうゆ	20cc
実山椒	適量

1 牛肉は脂身を取り除き、ひと口大に切る。
2 厚手の鍋に牛肉を入れ、砂糖を絡ませて中火にかけ、色が変わるまで混ぜる。
3 (2) に酒としょうゆを加え、アクを取りながら煮る。
4 煮汁が少なくなったら実山椒を加え、煮汁がなくなったら、たまりしょうゆを絡ませて火を止める。

多めに作っておけば、お弁当のおかずにも重宝する一品。
煮詰める時、煮汁が少なくなりすぎるとパサパサになってしまうので気をつけましょう。
実山椒の代わりに、針生姜や薄切り生姜を加えてもおいしいです。

れんこんのきんぴら

材料（4人分）

れんこん（細めのもの）	200g
タカノツメ	1本
砂糖	大さじ1
酒	15cc
みりん	15cc
しょうゆ	30cc
ごま油	適量

1 れんこんは皮をむいて薄切りにし、酢水につける。

2 タカノツメは種を取り、細い輪切りにする。

3 フライパンに油大さじ2（分量外）を熱し、水気を切った（1）を炒め、（2）を加えてさらに炒める。

4 （3）に砂糖、酒、みりん、しょうゆを加えて炒め、最後にごま油を1～2滴加える。

れんこんの細い部分は端っこですが、安価なので経済的。輪切りのままでも小さいので食べやすく、見た目もかわいらしくおすすめですよ。

子寄せ羹《かん》

材料（4人分）

鯛《タイ》の子　　2腹
寒天（棒）　1本
生姜　　　　1かけ
A＝だし汁　大さじ2、
　　しょうゆ　小さじ2、
　　砂糖　小さじ2、
　　酒　小さじ2
B＝だし汁　カップ2、
　　みりん　大さじ3、
　　しょうゆ　大さじ3、
　　砂糖　小さじ1

見た目に美しく、口通りもよい一品です。とろみがつかないうちに、寒天と材料を合わせて流し箱に入れてしまうと、きれいに混ざらずに2層になってしまうので、気をつけてください。

1　鯛の子は半分に切り、包丁の背で押しながら袋から中身を出し、Aを加えて煮汁がなくなるまで煮る。
2　寒天はよくもみ洗いしてちぎり、水で戻す。
3　生姜は針生姜にする。
4　鍋にBを入れて煮立て、寒天を絞って入れ、弱火で煮溶かす。
5　(4)に(1)と(3)を入れて時々混ぜながら冷まし、少しとろみがついたらひと混ぜして流し缶（14cm×8cmぐらい）に入れ、冷蔵庫で冷やしかためる。
6　適当な大きさに切って、皿に盛る。

白菜の漬物

材料（4人分）

白菜	1/2個
しめじ	1/2袋
昆布	5㎝
ゆずの皮	適量
タカノツメ	適量
塩	15 ～ 20g

塩の量が少ないとしんなりせず、多いと塩辛くなってしまいます。舐めてみて海水ぐらいの塩辛さになるように調整してください。
漬物器がない場合は、ビニール袋に入れて重しをのせておくと漬かります。

1　白菜はひと口大に切る。しめじは石づきを切ってほぐす。昆布は細く切る。ゆずの皮は刻む。タカノツメは種を取って細い輪切りにする。

2　(1) の材料をボウルに入れ、塩を加えて混ぜる（海水くらいの塩分濃度を目安にする）。

3　(2)を漬物器に入れる。（締める途中で上ってきた水を舐めてみて、味が薄かったら塩を加える）翌日には食べられる。

黒豆

材料（4人分）

黒豆　300g

A＝水　カップ6、
砂糖　250g、
しょうゆ　50cc、
塩　小さじ1/2

重曹　小さじ1/2

錆び釘　5～6本

黒豆の産地や種類、火加減によっては、もっと短い時間で炊けることもあります。4時間ぐらいで一度食べてみて、やわらかいようなら火を止めましょう。
途中で吹きこぼれたり、豆が空気に触れないように、鍋のふたをずらしたりしながら気をつけて煮てください。

1　黒豆は洗ってザルに上げ、30分くらいおく。

2　深鍋にAと水小さじ1（分量外）で溶いた重曹を煮立てたら火を止め、黒豆を入れてひと晩おく（6～7時間）。錆び釘もお茶パックに入れて、一緒にひたしておく。

3　（2）にアルミホイルをのせ、その上に落としぶたをして豆を空気に触れさせないようにして火にかけ、沸騰したら弱火にして5～6時間炊く。（途中で火を止めた場合も、合計で5～6時間炊いていればよい）

大根の漬物

材料（作りやすい分量）
大根　1kg
A＝砂糖　100g、
　　塩・酢　各20g

1　大きめのボウルにAを混ぜ合わせる。
2　大根は皮をむき、1cm角、長さ5cmの拍子木に切る。
3　(1)のボウルに(2)の大根を入れて混ぜる。
4　(3)を漬物容器に入れ、重しをしてひと晩おく。

かたいのがお好みなら、皮はむかなくても構いません。

金時豆

材料（4人分）
金時豆　100g
砂糖　　150 ～ 200g

1　金時豆は洗って鍋に入れ、ひと晩水につける。
2　そのまま中火で15 ～ 20分煮る。途中3回ぐらい差し水をする。
3　(2)をザルに上げて洗う。鍋もさっと洗い、豆と豆がかぶるくらいの水を入れ、強火で煮立ったら弱火にする。豆が空気に触れないように2 ～ 3回差し水をし、アクを取りながら豆がやわらかくなるまで15 ～ 20分煮る。
4　(3) に砂糖を2 ～ 3回に分けて加え、少し煮て火を止める。
5　(4) が冷めたら煮汁を切る。

豆を煮る時は、下ゆでの湯は捨てて、水を換えてから煮てください。砂糖の量は好みに応じて加減を。お弁当の一品にもおすすめです。

甘味のこと

和菓子屋さんの前を通るだけで四季を感じる京都のお菓子。この日は何を食べる（例えば6月30日は水無月）と決まっているのも、京都ならではのものではないでしょうか。お茶事のお菓子はいろいろ約束事があるようですが、家庭のおやつは自由に楽しんでいいと思います。

「寺子屋料理塾」は料理をメインにしていますが、私個人的にはお菓子作りも大好き。若い頃は洋菓子も勉強しました。娘や嫁にもすすめるのですが、「きちっと計るのが大変」「工程が多すぎて難しい」など気が進まない様子で、ちょっぴり残念です。

ここでは、そんなお菓子作り初心者の方でも手軽に作れる、我が家でおなじみの甘味を紹介します。

夏 くず切り

〈材料／４人分〉

吉野くず　100g
白玉粉　大さじ１
水　200cc
黒蜜（黒糖70g、砂糖30g、水カップ1/2）

1　鍋に黒蜜の材料を入れて煮詰め、冷やしておく。
2　吉野くず、白玉粉、水は混ぜ合わせてこす。
3　鍋に湯を沸かし、親子丼鍋又はアルミの弁当箱に(2)をお玉１杯分ぐらいずつ入れたら熱湯にのせてしばらく待ち、表面が乾いたら熱湯にくぐらせる。
4　全体が透き通ってきたら冷水につけ、指先で押しながらはがす。1cm幅くらいに切って氷水を入れた容器に盛る。
5　別の器に(1)の黒蜜入れ、(4)を絡めていただく。

※黒蜜が残ったら、氷水を合わせるだけでほんのり甘いドリンクになります。

夏 ビアゼリー

〈材料／4人分〉

粉ゼラチン	8g	レモン汁	25cc
砂糖	50g	ビール	200cc
水	150cc		

1　粉ゼラチンは5倍の水（分量外）でふやかす。
2　鍋に水と砂糖を入れ、砂糖を煮溶かして(1)を加え混ぜ、荒熱を取る。
3　(2)にレモン汁とビールを加え、氷水で冷やしながら混ぜてとろみをつける。
4　グラスに8分目くらいに(3)を入れ、冷蔵庫で冷やしかためる。
5　残りの(3)を冷しながら泡立て、(4)にのせて冷やしかためる。

※ビールの風味がほんのりと味わえる大人のゼリーです。
プリン型などお好みの容器で作れますが、細目のコップに入れると本物のビールに見えるので、ちょっとしたサプライズになります！

冬 抹茶ようかん

〈材料／4人分〉

寒天(棒)	1本（8g）
水	カップ1と1/2
砂糖	200g
白あん	300g
抹茶	5g

1　寒天は洗ってかたく絞り、せん切りにして分量の水に1時間ほどつける。
2　砂糖と抹茶を合わせておく。
3　(1)を中火かけて寒天を煮溶かし、こしてから(2)を加えて混ぜる。
4　(3)に白あんを入れてよく混ぜる。荒熱が取れたら流し缶（14cm×17cm）に入れてかためる。
5　適当な大きさに切り分けて、皿に盛る。

※抹茶は溶けにくいので、吸水性のある砂糖と混ぜ合わせておきましょう。

祖母と母の料理教室。

～長女 谷岡真如《まこと》～

「3cmって言ってるでしょ！ ものさし当ててみなさい」

祖母の教室は、毎回誰かが怒られていました。怒られるのはお料理のことだけでなく、手を拭いたタオルは広げておく、廊下は静かに歩く、靴に関しては、揃えなかった人はもちろん、自分の靴しか揃えなかった人も、「他の人の靴も揃えなさい」と怒られていました。

そんな様子を傍らで見ていた私は、「お金を払ってあんなに怒られるなんて。私ならやめる」と、心のなかでつぶやいたものです。もちろん、孫の私達もよく怒られました。残念ながら孫はやめられないので、当時はうるさいなと聞き流していましたが、大人になり、そのおかげで恥をかかずにすんだことも、褒められたことも、数えきれないくらいたくさんあります。

祖母の娘である母は、家庭では恐いのですが、教室では至って穏やか。祖母の様子を見て、怒らないと決めたそうです。一方で、言い方は違えど、祖母が伝えていたことは今も母から伝えられています。

「おいしいものを作るには、ひと手間を面倒と思わないこと」。これは、祖母の教えのひとつ。そのなかで、母は「便利な道具は使えばいい」と、祖母が使わなかった電子レンジやオーブンを教室で使うこともあります。「家で作る時は、買ってきたすりごまを使う」と話す生徒さんには、「ごまをするということを知っていれば、それはそれでいい」とも言います。現代の暮らしに寄り添いながら、我が家の味を伝えていこうとしているのだと思います。

祖母から母へと継がれている「寺子屋料理塾」。昔と今、それぞれの良いところを合わせた家庭の味を、私も伝えていければと思っています。

その六

汁もの

おつゆ・みそ汁・スープ

トマトとレタスのスープ

材料（4人分）
トマト　1個
レタス　2枚
溶き卵　1個分
水　　　カップ3
A＝鶏ガラスープのもと　大さじ1、
　塩　小さじ1/2、コショウ　適量
片栗粉　大さじ1と1/2

溶き卵を入れる前に片栗粉でとろみをつけておくと、卵がきれいに混ざります。卵は鍋に入れてから混ぜるのではなく、ゆっくりまわし入れるようにしてください。

1　トマトは皮と種を取り除いてざく切りに、レタスはひと口大にちぎる。
2　鍋に水を入れて沸かし、トマトを入れ、Aで味付けをする。水大さじ3（分量外）で溶いた片栗粉でとろみをつけ、溶き卵をまわし入れる。煮立ったら、レタスを加えてひと混ぜする。

鯛《タイ》の潮汁

材料（4人分）

鯛のあら	300g
ウド	5cm
木の芽	少々
昆布（10cm角）	1枚
塩	適量
うす口しょうゆ	適量
水	カップ4

「腐っても鯛」と言われるほど、鯛のあらから出るだしは格別。それ自体がおいしいので、塩とうす口しょうゆでシンプルに味付けしてください。熱湯にくぐらせるのを忘れないように。

1　鯛のあらは人数分に切り、熱湯にくぐらせて水に取り、うろこと血合い、ぬめりを取る。
2　ウドは皮をむいて短冊切りにし、酢水（分量外）につける。昆布は切り目を入れる。
3　鍋に水、昆布、（1）を入れ、沸騰寸前に火を弱めて昆布を取り出し、10分くらい煮てアクを取る。
4　（3）に塩とうす口しょうゆで吸い物くらいの味をつける（強火にしない）。
5　椀に（4）をよそい、水気をふき取ったウドと木の芽を添える。

かぼちゃのスープ

材料（4人分）

かぼちゃ	500g
玉ねぎ	1/2個
バター	30g
牛乳	300cc
固形コンソメスープ	2～3個
生クリーム	適量
塩・コショウ	各適量
水	適量

かぼちゃと玉ねぎを炒める時は、火を強くし過ぎて玉ねぎを焦がさないように注意してください。
いただく時に生クリームを少し加えるとコクが出ます。
冷蔵庫で3～4日は日持ちします。

1 かぼちゃは皮と種を取って薄切りにする。玉ねぎも薄切りにする。
2 鍋にバターを熱し、かぼちゃと玉ねぎを炒め、しんなりしたらヒタヒタの水と固形コンソメスープを加え、やわらかくなるまで煮る。
3 (2) をミキサーにかける。鍋に戻して牛乳を加え、ひと煮立ちさせたら塩、コショウで味を調える。
4 夏は冷たく冷やして、冬は温めていただく。器によそい、生クリームをかける。

冷や汁

材料（4人分）

アジ	1匹
きゅうり	1本
みょうが	2個
白ごま	大さじ4強
みそ	70g
だし汁	カップ3
酢	大さじ3
温かいご飯	適量

1 アジは焼いて骨と皮を取り除き、身をほぐしておく（焼いたアジを買ってもよい）。
2 きゅうりとみょうがは小口切りにする。
3 白ごまは煎って、すり鉢でよくする。
4 (3) にアジを加えてすりつぶし、みそを加えてさらにする。
5 (4) にだし汁を入れて溶きのばし、酢を加える。
6 (5) に (2) のきゅうりを加えて冷蔵庫で冷やす。
7 器に温かいご飯を盛り、(6) にみょうがを加えてかける。

暑い日にぴったりの宮崎県の郷土料理です。
汁の濃度はお好みなので、だし汁の量で加減してください。

冷たいみそ汁

材料（4人分）

だし汁	カップ4
赤みそ	適量
なす	2個
みょうが	2個
そうめん	1束

かぼちゃ、にんじん、大根などをやわらかくゆでて具に加えてもおいしいです。

1 なすは焼いて皮をむき、ヘタを取って縦に割く。みょうがは小口切りにする。
2 そうめんをややかためにゆでておく。
3 だし汁を温めて好みの濃さで赤みそを溶き、粗熱が取れたら冷蔵庫で冷やしておく。
4 椀に (1) と (2) を入れ、(3) をはる。

じゃがいもの冷たいスープ

材料（4人分）

じゃがいも	250 ～ 300g
玉ねぎ	1/2個
牛乳	カップ1.5 ～ 2
バター	20g
固形コンソメスープ	2個
水	適量
細ねぎ	適量

1 じゃがいもは皮をむいて薄切りにして、しばらく水につけてから水気を切っておく。玉ねぎは皮をむいて薄切りにする。
2 厚手の鍋にバターを入れ、(1)を色がつかないように炒める。
3 (2) がしんなりしたらヒタヒタの水と固形コンソメスープを加え、やわらかくなるまで煮る。途中水分がなくなったら水を足す。
4 (3) をミキサーにかけ、牛乳を加えて、ひと煮立ちさせる。粗熱が取れたら冷蔵庫で冷やしておく。細ねぎは小口切りにする。
5 器によそい、細ねぎを真ん中に添える。

フランス料理のスープ、ヴィシ・ソワーズ。
細ねぎの代わりにみじん切りにしたパセリを添えてもおいしいです。
寒い時期は温めて召し上がってください。

雲子の白みそ汁

材料（4人分）

雲子（タラの白子）	150g
だし汁	カップ3
白みそ	適量
にんじん	4cm

雲子の汁物と言うと、昔から白みそを合わせることが多いですね。
雲子はやわらかいので、つぶさないように丁寧に扱いましょう。

1 雲子は、ひとかたまりずつに分けてゆでる。にんじんは5mm厚さの輪切りにしてゆでる。
2 だし汁を温めて白みそを溶き、ひと煮立ちさせる。
3 椀に雲子とにんじんを入れ、上から熱くした（2）を注ぐ。

五目とろろ汁

材料（4人分）

山いも	300g
卵	1個
干ししいたけ	3枚
にんじん	50g
鶏ささ身	1本
三度豆（インゲン豆）	5本
砂糖	大さじ1
酒	大さじ2
うす口しょうゆ	大さじ4
だし汁	カップ1
塩	小さじ1/4
水	適量

仕上げにもみ海苔をのせると、香りが出るのでおすすめです。
残り野菜など、いろいろな具を入れて味わってみてください。

1 水で戻した干ししいたけとにんじんはいちょう切りにする。三度豆は筋を取って3㎝に、鶏のささ身は1㎝に切る。

2 (1)を鍋に入れ、ヒタヒタの水にうす口しょうゆの半量と酒、砂糖を加えて下煮する。

3 山いもは皮をむいて酢水（分量外）につける。汁気を切ってすり鉢ですりおろし、卵を加えてさらにする。

4 (3)にしょうゆの残りとだし汁、塩を加えてすりのばす。

5 (2)の汁気を切って器に入れ、(4)をよそう。

のっぺい汁

材料（4人分）

里いも	2～3個
こんにゃく	1/4枚
大根	5cm
にんじん	5cm
油揚げ	1/2枚
だし汁	カップ4と1/2
しょうゆ・塩	各適量
水溶き片栗粉	適量

寒い日はとろみをつけた汁物をいただくと、からだの芯から温まります。

1 里いもは皮をむいて5mmぐらいの厚さに切り、下ゆでする。こんにゃくは幅1cm長さ3cmの短冊切りにして下ゆでする。大根とにんじんは皮をむいて、油揚げは油抜きして、それぞれ食べやすい大きさに切る。

2 鍋にだし汁を入れ、(1) を加えて火にかける。野菜がやわらかくなったら、しょうゆと塩で好みの味付けをして、水溶き片栗粉でとろみをつける。

れんこんと山いもの団子汁

材料（4人分）
れんこん　150g
山いも　30g
海老　4～5匹
干ししいたけ　2枚
三つ葉　少々
A＝だし汁　カップ3、
みりん　大さじ1、
うす口しょうゆ　大さじ2、
酒　大さじ2、
塩　小さじ1/2

おだしが香る大人好みの上品な味わい。手の込んだ一品なので、おもてなしにもおすすめです。

1 れんこんと山いもはそれぞれ皮をむいておろして混ぜ合わせ、塩ひとつまみと片栗粉小さじ1（ともに分量外）を加えて混ぜる。
2 海老は尾と背わたを取り、皮をむいて1cmに切り、酒煎りする（酒は分量外）。
3 干ししいたけは水で戻して小さく切る。
4 三つ葉は2～3cmに切る。
5 (1)を人数分に分けて、一つずつラップに広げ、真ん中に(2)、(3)をおき、包んでねじる。
6 (5)をレンジで加熱する（1個につき1分強）。
7 鍋にAを熱して(6)を入れ、ひと煮立ちさせる。器に盛って三つ葉をちらす。

ほうれん草のクリームスープ

材料（4人分）

バター	30g
玉ねぎ	1/2個
小麦粉	30g
牛乳	カップ2
ほうれん草	1把
水	カップ1と1/2
固形コンソメスープ	2個
塩・コショウ	各適量

彩りが美しく、お好みで生クリームを加えてもおいしいスープです。
葉先を切り取った残りのほうれん草はごまあえなどに使いましょう。

1 玉ねぎはみじん切りにする。
2 ほうれん草はゆでて葉先のみを切って絞り、細かく刻む。
3 厚手の鍋にバターを熱して玉ねぎを炒め、小麦粉を加えてさらに炒める。
4 (3) に牛乳を入れて沸騰したら、(2) を加えて火をとめる。
5 (4) をミキサーにかけて鍋に戻し、水と固形コンソメスープを加えてひと煮立ちさせる。塩、コショウで味を調えて器によそう。

かぶのスープ

材料（4人分）

かぶ	200g
かぶの葉	20g
サラダ油	大さじ1
固形コンソメスープ	2個
水	カップ4と1/2
塩	小さじ1/3
コショウ	適量

かぶは皮にしっかりとした繊維があるので、皮をむく時は厚くむくようにしてください。

1 かぶは皮をむいて四つ割りにし、薄くスライスする。

2 葉はやわらかい部分をサッとゆでて、みじん切りにする。

3 厚手の鍋にサラダ油を熱して(1)を炒め、水と固形スープを加え、かぶがやわらかくなるまで煮る。

4 (3)を火からおろし、木べらやおたまの底でかぶをつぶし、塩、コショウで味を調える。

5 (4)を再び煮立てて器に盛り、中央に(2)の葉をのせる。

ブリあらのかす汁

材料（4人分）

ブリのあら（切り身でも可）	1尾分
大根	8cm
にんじん	1/2本
酒かす	適量
だし汁	カップ3
酒	50cc
A＝うす口しょうゆ　大さじ1、 みそ　小さじ1、塩　少々	
三つ葉	適量

ブリのあらはしっかり下処理をして生臭さを取り除きましょう。
酒かすの量はお好みで加減してください。

1 ブリのあらはぶつ切りにして塩（分量外）をふり、30分ぐらいおいたら冷水で洗う。
2 (1) を熱湯にくぐらせて冷水に取り、うろこや血合いを取る。
3 大根とにんじんは2㎜幅ぐらいのいちょう切りに、三つ葉は3cmの長さに切る。
4 酒かすは細かくちぎって酒を加え、電子レンジで1分ほど加熱してやわらかくしておく。
5 鍋にだし汁を入れて火にかける。大根とにんじんを入れやわらかくなったらブリを加え、火が通ったら (4) とAを加える。味が薄かったらうす口しょうゆと塩（ともに分量外）を足して味を調える。
6 器に盛って三つ葉を添える。

大根餅のおつゆ

材料（4人分）

大根	400g
細ねぎ	2～3本
片栗粉	80g
塩	適量
おろし生姜	1かけ分
だし汁	カップ5
うす口しょうゆ	適量

大根餅は汁気が少なくなるとかたくなってしまうので、おろし大根の水気を絞りすぎないようにしてください。

1 大根は皮をむき、おろしてザルに取り水気を切る。細ねぎは小口切りにする。

2 鍋に大根、片栗粉、塩少々を合わせ、中火にかけながらよく混ぜる。とろみが出て半透明になったら火を止め、ねぎを加えてさらに混ぜながら粗熱を取り、バットに広げて冷ます。

3 別鍋にだし汁を入れ、うす口しょうゆと塩で少し濃いめの味付けのすまし汁を作り、煮立たせる。

4 (2) をぬらしたスプーンでひと口大にすくって入れ、火を通す。

5 器によそい、おろし生姜をのせる。

普段着の料理、おばんざい。

家の料理はほとんど毎日することですが、できれば手抜きをしないできっちりと作りたいものです。でも、毎日のことゆえに、手抜きをしたくなる時もきっとあるのではないでしょうか。それはそれで、私はいいと思います。ただ、手抜きをした時ときっちりと作った時の違いが分かるようになって欲しい。味、食感、香り、見た目……。どんな些細な料理も、きちんと丁寧に向き合えばおいしく作れるということを、分かっておいて欲しいのです。

よく、「おばんざいとは何ですか」と聞かれます。要は日々のおかずのことで、戦前はおばんざいと言わず、おかずと言われ、おばんざいという言葉は戦後に言われ出したと聞いています。

食卓に並ぶおかずに決まり事などありません。昔からあるメニューに、若い人向きに肉係のものを加えたり、また、こってりしたものを工夫してあっさり食べられるように仕上げたり。自分なりに工夫して、いろいろとバラエティーに富んだおかずを作る感覚は、毎日のことだからこそ、養われるのだと思います。

その七

ご飯もの

すし・混ぜご飯・炊き込みご飯

菜の花ご飯

材料（4人分）

米	カップ3
水	カップ3
菜の花の漬物	100g
昆布（10cm角）	1枚
酒	大さじ2
うす口しょうゆ	大さじ1/2

1　米はといでおく。
2　菜の花の漬物は水洗いして水気を絞り、細かく切る。
3　炊飯器に米と水、酒、うす口しょうゆを入れて混ぜ、昆布をのせて炊く。沸騰したら昆布を引き上げる。
4　炊き上がったら（2）を混ぜる。

漬物の塩味がきいて、彩りも鮮やかな春らしい一品。
菜の花はやわらかいので、炊き上がってから混ぜてください。

桜の葉ずし

材料（4人分）

米　カップ3

合わせ酢＝酢　60cc、砂糖　30g、
塩　12g

きずし　片身

スモークサーモン　1パック（約100g）

桜の葉の塩漬け　20～30枚

A＝卵　6個、はんぺん　2枚、
砂糖　100g、
うす口しょうゆ　小さじ1と1/2、
みりん・酒・だし汁　各大さじ2、
塩　ひとつまみ

桜の葉の塩漬けで包んだ、桜がほんのり香るお寿司です。
箱の中にきれいに並べて重しをしておくと、具とすし飯が離れません。

1　米を炊き、合わせ酢ですし飯を作る。

2　Aをミキサーにかけ、硫酸紙を敷いたバットに入れ、160度のオーブンで30分焼き、厚焼卵にする。

3　桜の葉は水につけ、塩出しして水気をふき取る。

4　すし飯は30gの俵形に握る。

5　きずしと厚焼卵を5㎜厚さにスライスする。

6　(4)の上に(5)とスモークサーモンをそれぞれひと切れずつのせ、桜の葉でくるみ、箱などに並べ入れて重しをする。30分くらいおいたら器に並べる。

7　葉をはがしていただく。

みょうがずし

材料（4人分）
米　　　　カップ3
合わせ酢＝米酢　80cc、
　　　　　砂糖　30g、
　　　　　塩　12g
塩鮭《ザケ》　　　1切れ
みょうが　6個
枝豆（実）　50g
卵　　　　2個
A＝みりん　大さじ2、
　　砂糖　大さじ1、
　　塩　ひとつまみ
白ごま　　適量

すし飯を作る時は、ご飯が熱いうちに合わせ酢を入れ、しゃもじで切るように混ぜてください。うちわであおぎながら混ぜると、ご飯にツヤが出ます。

1　米を炊き、合わせ酢ですし飯を作る。
2　塩鮭は焼いて身をほぐす。枝豆はゆでてサヤから実を出す。
3　卵にAを混ぜ合わせ、炒り卵を作る。
4　みょうがはサッとゆでて水気を切り、縦半分に切ってから横に5㎜幅に切る。
5　(1) に (2)、(3)、(4) を加えて混ぜる。
6　器に盛り、煎った白ごまをふりかける。

中華風おこわ

材料（4人分）

もち米　カップ3

干し海老　大さじ2（15g ぐらい）

干し貝柱　3個

焼き豚　200g

干ししいたけ　2～3枚

甘栗　20粒

銀杏《ギンナン》　20粒

白ねぎ　2本

生姜　1かけ

干し貝柱・干し海老・干ししいたけの戻し汁　カップ2

A＝しょうゆ　大さじ2、
酒　大さじ3、砂糖　小さじ2、
塩　小さじ1

腹持ちがよく、味もしっかりついた満足感のあるおこわです。
でき上がりを竹の皮で三角に包んで冷凍しておけば、おもてなしの一品にも便利です。

1　もち米は洗ってザルに上げ、30分おく。

2　干し海老と干し貝柱は洗ってぬるま湯につけて戻し、貝柱はほぐしておく。干ししいたけも水で戻しておく（海老、貝柱、しいたけの戻し汁は取っておく）。焼き豚としいたけは小指の先くらいの角切りにする。甘栗は殻をむいて二つ割りにし、銀杏は煎って皮をむく。

3　白ねぎと生姜はみじん切りにする。

4　中華鍋に油大さじ3（分量外）を熱して(3)を入れ、(2)を炒めたらAを加える。

5　(4)に(1)を加えて炒め、戻し汁を加えて汁気がなくなるまで強火でよく炒める。

6　蒸し器にぬれ布巾を敷き、(5)をのせて中央をへこませ、強火で20分蒸す。

7　器に盛っていただく。

いなりずし

材料（4～5人分）

米　カップ2

すし揚げ　12枚

にんじん　25

ごぼう　20g

かんぴょう　5g

合わせ酢＝酢　70cc、砂糖　35g、塩　5g

A（揚げ用）＝だし汁　200cc、砂糖　大さじ3と1/2、しょうゆ　大さじ2

B（具用）＝だし汁　100cc、砂糖・しょうゆ各大さじ1

三角形で食べやすく、行楽弁当にもぴったりのおいなりさんです。

1　米を炊き、合わせ酢ですし飯を作る。

2　すし揚げは落としぶたをして10分ゆで、水分を切る。鍋に揚げを入れ、Aのだし汁と砂糖を加え落としぶたをして7～8分煮る。しょうゆを加え、煮汁が1/3になるまで煮詰める。

3　にんじんは粗みじんに、ごぼうも粗みじんに切って水にさらす。かんぴょうは塩もみしてゆでて粗みじんに切る。

4　鍋に（3）とBを入れ、やわらかくなるまで煮る。（1）のすし飯に加えて混ぜる。

5　冷ました（2）の形を整えて汁気を切り、三角形に切る。裏返してもう一度軽く絞り、（4）のすし飯ひと握り分を軽く握って包む。真ん中を押して三角形の先まで詰め、口を閉じる。同じように24個作る。

とろろご飯

材料（4人分）
大和いも（長いも）　300g
A＝だし汁　150cc、
　　うす口しょうゆ　大さじ1と1/2、
　　みりん・酒　各大さじ1
ご飯　　　　　　　　適量
刻み海苔　　　　　　少々

1　鍋にAを入れ、ひと煮立ちさせたら冷ます。
2　大和いもは皮をむき、酢水にしばらくつけておく。
3　(2) の汁気を切り、すり鉢ですりおろし、さらにすりこぎでする。
4　(3) に (1) を少しずつ加え、混ぜ合わせる。
5　器に熱々のご飯をよそい、(4) をかけ、刻み海苔をちらす。

大和いもの皮をむく時は、端にキッチンペーパーを巻くとすべりにくく扱いやすいです。

生姜炊き込みご飯

材料（4人分）

米	カップ4
生姜	50g
油揚げ	1枚
酒	大さじ4
うす口しょうゆ	大さじ1
塩	小さじ1
昆布	20cm

さっぱりとした炊き込みご飯です。ご飯が炊き上がったら熱いうちに具を混ぜ合わせ、味をなじませてください。

1 米はといでザルに上げ、30分おく。
2 生姜は皮をむいて長さ3cmのマッチ棒ぐらいの太さに切る。
3 油揚げは油抜きしてみじん切りにする。
4 炊飯器に(1)を入れ、米の1割増しの水（分量外）を入れて、酒、うす口しょうゆ、塩を加えて混ぜる。昆布をのせ、(2)と(3)を入れて炊く。
5 炊き上がったら昆布を取り出し、ご飯と具を混ぜ合わせる。

里いもご飯

材料（4人分）

米	カップ2
水	カップ2強
里いも	10～15個
昆布（10cm角）	1枚
酒	大さじ1
塩	小さじ1/2

1 米は炊く30分前に洗って、炊飯器に水と昆布とともに入れておく。

2 里いもは皮をきれいに洗って皮のまま、竹串が通るぐらいまでゆでる。

3 (2) の皮をむき、大きければ半分にする。

4 (1) を炊く。煮立ったら昆布を取り出し、里いも、酒、塩を加え、ふたをしてそのまま炊き上げる。

大きさによって煮え方が変わってしまうので、里いもの大きさを揃えるのがポイントです。
里いもの皮は、布巾に包んで指先でつまむとむきやすいです。

さつまいもご飯

材料（4人分）

米	カップ2
水	カップ2
さつまいも	150g
塩	小さじ1/2
黒ごま	適量

子どもさんにも喜ばれる、ほっこりした味わいのご飯です。
さつまいもはやわらかくくずれやすいので、混ぜる時つぶさないようにしてください。

1 米は炊く30分前に洗ってザルに上げる。

2 さつまいもは皮のまま1cm角に切り、10分ほど水につけてザルに上げる。

3 炊飯器に米と水、塩を入れて混ぜ、(2)をのせて炊く。

4 炊き上がったらしばらく蒸らし、サックリ混ぜて、器に盛って黒ごまをふる。

小豆がゆ

材料（4人分）
米　　カップ1
小豆　カップ1/4
餅　　適量
塩　　適量

1 小豆は洗ってたっぷりの水からゆでる。
2 (1) の湯を捨て、再び水を入れてゆでる。これを2回繰り返す（ゆでこぼし）。
3 (2) の水を入れ替えて火にかけ、弱火で1時間ほど煮る。
4 米は洗って鍋（できれば土鍋）に入れ、水カップ8（分量外）を加えて火にかけ、沸騰したら弱火にして、ふたをずらして1時間ほど炊く。
5 米がやわらかくなったら、(3) の小豆と適当に切った餅を加え、塩で味を調える。

邪気を払うと伝わる小豆入りのおかゆは、「小正月」の1月15日にいただく習慣があります。
小豆をゆでる時は、途中で水気が少なくなったら水を足し、やわらかくなるまでゆでてください。

１９６７年より、歩みを重ねて。

もともと母は、自分が作った料理を人様に召し上がっていただくことが好きで、私達兄姉の友達によく食べに来ていただきました。そのうち、作り方を教えてほしいという声が上がったのが、母の料理教室のはじまりで、かれこれ50年くらい前の話です。

教室にたくさんの生徒さんが通うようになると、母の発案で料理の作品展「私の料理展」を開くようになりました。

毎回会場に並ぶ２００～２５０点の料理は、「プロにはない発想がある」と、料理人の方も多数観に来てくださるようになり、評判を呼びました。その時、取材に来てくださった京都新聞の板倉氏（故人）が「教室の名前もない。いつ入ってもいつ辞めてもいいとは、まるで寺子屋ですね」とおっしゃったので、なんとなく「寺子屋料理塾」になり、今もその名を引き継いでいます。「私の料理展」は、母が自分の年齢なども考えて「20回開催する」と宣言し、実にその通り終了しました。

ある時、母の写真が載った婦人雑誌を持った方が訪ねてこられました。この方が大阪の百貨店の方で、母が作ったおばんざいを商品化したいというお話でした。できあいのおかずを買うのが嫌いな母は即座にお断りしましたが、その方の熱心さに根負けしてお引受けする事になりました。それが１９８５（昭和60）年頃のことで、約30年間続きました。幸い好調な売れ行きで、おからを１日１００キロ炊く日もありました。母が逝ってからは私１人で担い結構忙しかったのですが、店を閉じた今では懐かしい思い出です。

今は料理教室だけになりましたが、生徒さんのなかには母に直接習っていた方や新婚ホヤホヤの若い方、出産を経てカムバックした方、乳飲み子を連れて「食べにだけ来ていいですか」という方など本当にさまざま。「やっぱり寺子屋かな」と笑えてくる時もあります。

その八

めん・どんぶり・カレー

ひと皿料理

カツオのおぼろご飯

材料（4人分）
カツオ（刺し身用）　200g
卵　2個
生姜　1かけ
A＝砂糖・みりん　各大さじ2、
　しょうゆ　大さじ3と1/2
白ごま　大さじ2

カツオの身は細かくほぐしましょう。
お弁当にもおすすめです。

1 カツオは適当に切ってゆで、皮と小骨を取り、身をほぐす。
2 鍋にAを入れて（1）を加え、中～弱火でお箸5～6本で混ぜながら煎る。
3 卵は塩少々（分量外）を加えて薄焼き卵を作り、せん切りにする。
4 生姜は針生姜にする。
5 温かいご飯に（2）をのせ、（4）と白ごまをちらし、（3）の卵をのせる。

シュリンプスカレー

材料（4人分）

海老（有頭）	300g
酒	50cc
バター	30g
小麦粉	40g
カレー粉	小さじ2～3
牛乳	カップ2
マッシュルーム	1袋（125g）
グリーンピース（枝豆でもよい）	適量

A＝ケチャップ　大さじ5、
塩　小さじ1/2、砂糖　大さじ2、
しょうゆ　大さじ2、パプリカパウダー
小さじ2（水少々で溶いておく）

海老の頭部から出るだしが決め手になるので、必ず有頭海老を使ってください。
グリーンピースの代わりに枝豆の実を加えてもおいしいです。パプリカパウダーは色付け用なので、加えなくても構いません。

1 海老は塩でもんできれいに洗い、背わたを取って、赤くなるまで酒煎りする。

2 (1) の頭と殻を鍋に入れ、身は別にして水カップ2（分量外）を加えて加熱し、沸騰したらこしてスープを取る。身はひと口大に切っておく。

3 厚手の鍋にバターを煮溶かし、小麦粉とカレー粉を炒め、(2) のスープと牛乳でのばす。

4 (3) にAの調味料を加え、煮立ったら海老の身とマッシュルーム、グリーンピースを加える。

鯛《タイ》にゅうめん

材料（4人分）

鯛の切り身（小さめ）	4切れ
そうめん	4束
酒	大さじ2
うす口しょうゆ	大さじ4
みりん	大さじ2
昆布（10㎝角）	1枚
水	カップ8

鯛の切り身でなく、骨つきやあらで作る時は、熱湯にくぐらせ冷水に取り、うろこや血合いを取ってから使いましょう。
食の進まない暑い日におすすめです。

1 鯛の切り身は熱湯にくぐらせ、うろこを取り除いておく。そうめんはかためにゆでで水洗いし、ザルに上げる。

2 鍋に水と昆布を入れ、火にかける。煮立つ寸前に昆布を取り出し、鯛を入れて煮る。

3 鯛に火が通ったら、酒とうす口しょうゆ、みりんで、うどんだしより少し薄めの味をつける。(1)のそうめんを加え、サッと煮て器によそい、熱々をいただく。

ドライカレー

材料（4人分）

豚ひき肉	200g
玉ねぎ（大）	1個
ピーマン	2個
干しぶどう	25g
バター	25g
トマトジュース	1缶（200cc）
カレー粉	大さじ1
しょうゆ	大さじ2
ウスターソース	大さじ1

A＝コショウ　少々、
　砂糖　大さじ1、
　塩　小さじ1/2

ご飯	適量
しば漬け	適量

カレー粉の量はお好みで調整を。干しぶどうはそのまま入れるとかたいので、やわらかくしてから加えてくださいね。

1 玉ねぎ、ピーマンをみじん切りにする。
2 干しぶどうを鍋で1分ほどゆで、やわらかくなったら水気を切って空煎りする。
3 豚ひき肉はカレー粉小さじ1/2と塩適量（ともに分量外）をまぶしておく。
4 厚手の鍋にバターを溶かし、玉ねぎを透き通るまでゆっくり炒める。ピーマンと（3）のひき肉を加えてさらに炒める。ポロポロになったら、カレー粉、トマトジュース、（2）、Aの調味料を加えてよく混ぜる。沸騰したら火を弱め、水分が少し残るぐらいまで煮て、しょうゆとウスターソースを加えて味を調える。
5 器に盛り、しば漬けを添えたご飯とともにいただく。

ビーフストロガノフ

材料（4人分）

牛肉（赤身）　400g
玉ねぎ　1個
赤ピーマン　1個
しめじ　1パック
にんにく　1片
小麦粉　大さじ2
塩・コショウ　各適量
バター　大さじ2
牛乳　60cc
A＝ケチャップ　大さじ3、
　ウスターソース　大さじ4、
　コンソメスープ　300cc
温かいご飯　適量

ここでは白ご飯に合わせていますが、本場ロシアでは、サフラン入りの黄色いライスにかけていただくようです。

1　牛肉はひと口大に切りほぐし、塩・コショウして小麦粉（分量外）を薄くまぶす。玉ねぎは薄切り、赤ピーマンは乱切り、しめじは小房に分け、にんにくはみじん切りにする。

2　フライパンにバター半量を入れて弱火にかけ、溶けたらにんにくを入れ、香りが立ったら牛肉を加える。表面に焼き色がついたらバットに移す。

3　残りのバターを熱し、玉ねぎを炒める。赤ピーマンとしめじを加えて炒め、しんなりしたら小麦粉を加え、さらに炒める。

4　(3) の粉っぽさがなくなったらAを加えて煮立て、とろみがついてきたら牛乳を加えて (2) を戻し入れ、3～4分煮て火を止める。

5　器にご飯を盛り、(4) をかける。

焼きうどん

材料（4人分）

豚肉（こま切れ）	200g
キャベツ	4枚
にんじん	50g
青ねぎ	3本
ちくわ	3本
うどん（ゆでたもの）	4玉

A＝酒・しょうゆ・片栗粉
　各小さじ2

B＝ウスターソース　大さじ2、
　しょうゆ　小さじ1、
　塩・コショウ　各適量、
　油　大さじ2

しょうゆを隠し味に加えています。
キャベツの代わりに白菜を入れてもおいしいです。

1　豚肉はAをもみ込む。

2　キャベツはざく切り、にんじんは縦半分に切って斜め薄切りに。青ねぎと縦半分に切ったちくわは5mm幅の斜め切りにする。

3　うどんは水につけ、ほぐしてザルに上げる。

4　フライパンに油を熱し、豚肉を色が変わるまで炒める。にんじんを加えたら、キャベツ、ちくわ、青ねぎも入れて炒め、うどんを加える。

5　Bを加え、炒めながら全体になじませる。

シーフードのグラタン

材料（4人分）

海老	4匹
貝柱	4個
玉ねぎ	1/2個
マッシュルーム	4個
小麦粉	大さじ3
バター	30g
牛乳	カップ2
チーズ・塩・コショウ	各適量

小麦粉を炒める時は焦がさないように、弱火でしっかり炒めてください。
はじめは高温で焼き、途中で温度を下げると、焦げずに中まで火が通り、いい焼き色に仕上がります。

1 海老は尾と背わたを取り、皮をむいて1cmに切る。貝柱は4等分にする。玉ねぎはみじん切り、マッシュルームは薄切りにする。

2 厚手の鍋にバターを溶かして玉ねぎを炒め、海老と貝柱、マッシュルームを炒める。

3 小麦粉をふり入れて、弱火でさらに炒め、塩、コショウする。

4 牛乳を加えて煮詰めて、とろみをつける。

5 バター（分量外）を塗った耐熱皿に(4)を入れ、チーズをたっぷりのせて200度のオーブンで10分、160度で5～10分焼く。

オムハヤシライス

材料（4人分）

牛肉	200g
玉ねぎ	2個
赤ワイン	200cc
デミグラスソース	1缶（290g）
チキンブイヨン	400cc
赤みそ	20g
トマトケチャップ	大さじ4
ウスターソース	40g
砂糖	大さじ1と1/2
塩・コショウ	各適量
卵	8個
バター	40g
ご飯	適量

オムレツは、バターが少ないと焦げ目がつくので気をつけてください。

1. 牛肉、玉ねぎ（繊維を断ち切る）は1cm幅に切る。
2. フライパンに油大さじ2（分量外）を熱し、バターを溶かして玉ねぎを炒め、しんなりしたら赤ワインを加えて煮詰める。
3. 牛肉は別のフライパンで色が変わるまで炒め、塩、コショウをする。
4. (2) に (3) を加え、半量くらいまで煮詰まったら、デミグラスソース、チキンブイヨン、赤みそ（ブイヨンで溶かす）、トマトケチャップ、ウスターソース、砂糖、塩コショウを加え、10分ほど煮る。
5. フライパンにバター（分量外）を熱し、半熟オムレツを作る。
6. 皿にご飯を盛って (4) のハヤシルウをかけ、半熟オムレツをのせる。

海鮮おこげ

材料（4人分）

ご飯（熱いもの）	160g
片栗粉	小さじ2
青のり	小さじ1
海老	4尾
ホタテ（小缶）	1缶
イカ	1/2 ～ 1杯
しいたけ	2個
きくらげ	大1枚
ピーマン（赤・緑）	各1個
チンゲン菜	1束
生姜・細ねぎ	各大さじ1

A＝水 350 ～ 400cc、みりん・
うす口しょうゆ 各25cc、
しょうゆ 10cc、
オイスターソース 15cc

水溶き片栗粉（片栗粉 大さじ1と1/2、水 大さじ2）

1 大きめのバットにフライパンにくっつかないアルミ箔を敷き、ご飯、片栗粉、青のりを入れ、まんべんなく混ぜて8等分にする。フライパンに油をたっぷり（分量外）入れ、中の強火で両面を2分半ずつ焼いておこげを作る。

2 海老は殻と背わたを取ってひと口大に切る。ホタテ、イカ、しいたけ、きくらげ、ピーマンはひと口大に切る。

3 チンゲン菜はひと口大に切り、生姜と細ねぎはみじん切りにする。

4 (2)を油通し（熱い油にくぐらせる）する。

5 (4)のフライパンをきれいにし、(3)の生姜と細ねぎを入れて熱し、チンゲン菜を加えて炒める。さらに、(4)とAを加えてひと煮立ちさせ、水溶き片栗粉を加える。

6 先に作ったおこげを電子レンジで温めて器に盛り、熱々の(5)をかける。

頼もしい二人とともに。

私が30年間母の助手をしていたように、今は娘と嫁が手伝ってくれています。嫁は私の言う通り、何でもきちっとこなしてくれます。娘は「それよりこの方がいいんじゃない」など、作り方や味付けにも色々と注文をつけてきます。どちらも私にとってはなくてはならない存在。母の味を伝えたいという思いまでしっかり受け継いでくれているようで、頼もしい限りです。

この教室は、どちらかというと昔ながらのおかずのメニューが多かったのですが、私の代になり、いろいろ工夫して新しいものも取り入れてきました。娘や嫁の時代は、きっともっともっと新しいものになると思います。なかなかついていけないかもしれませんが、私にとっては未知のものなので珍しく、楽しみでもあります。

これからは、新メニューは2人に任せることが多くなるでしょう。ただ、だしのひき方や、その時期ならではの素材を使い季節感を大切にすることは、変わらずに伝えていって欲しいと願っています。旬のものは、その時期が一番おいしく値段もお手頃。家庭のおばんざいだかこそ、ぜひ取り入れて欲しいのです。

おだしのこと

素材の旨みを引き出してくれるおだし。和風のおかずを作る時には欠かせない存在です。濁りのない一番だしは、お吸いものやメインの煮物など、繊細な料理に使います。一番だしに使った昆布と削りカツオをもう一度煮出したのが二番だしで、うどんや大根の煮物など日々のおかずに使います。ここで紹介しているのはごく一般的な一番だしのひき方ですが、お料理屋さんなどでは、その店独自のこだわりがそれぞれにあると思います。

昆布と削りカツオ以外では、煮干しを用いることもあります。大分県の郷土料理、だんご汁を作る時などは、煮干しのだしを使っています。

だしがらのつくだ煮

この頃は、私も削りカツオを購入することが多くなりましたが、昔ながらの削り節器を使い、自分で削ったカツオ節でだしをひいた時は、必ずふりかけを作ります。手間はかかりますが、昆布もカツオ節も無駄にならず、ごはんのおともにはぴったり。市場などでも、削り立てのカツオ節が手に入るので、二番だしまでしっかりひいたら、ぜひ作ってみてください。

1　だしをとった後の昆布はみじん切りにする。
2　だしをとった後の削りカツオと (1) を鍋に入れ、砂糖、しょうゆ、みりんを加えて煎りつけ、松の実とごまを加える。

※ だしがらの量に合わせて好みの甘辛味に調え、松の実とごまを加えてください。

[だしのひき方]

つくりやすい分量

〈材料〉昆布 20g、削りカツオ（花カツオ）30g、水 1000cc

① 昆布を入れる

昆布は適当な大きさに切る。
鍋に水と昆布を入れて加熱する。

② 昆布を引き上げる

沸騰する直前に昆布を引き上げる。

③ 削りカツオを入れる

削りカツオを手早く入れる。

④ 火を止める

ぐらっとひと煮立ちしたら、火を止める。

⑤ ざるでこす

大きめのボウルにざるをのせ、カツオ節をこす。

※冷蔵庫で2～3日は日持ちするほか、冷凍保存もできます。一番だしで使った昆布と削りカツオに上記と同量の水を入れて加熱し、沸騰直前で昆布を引き上げた後、4～5分煮てからこすと、二番だしがとれます。

おわりに

貼案（てんあん）という言葉がある。禅の寺院や道場では法要や行事のあと、参加者に心を込めておもてなしのお膳を差し上げるが、その献立を工夫することである。貼案寮というその係は経験豊富なベテランが担当する。調理も修行であるので、お客の気持ちを量り、食材を生かし切らなければならない。

本書の著者である私の義姉が、一週間に一度、七日分の献立を半年間連載するお話を京都新聞から頂いた。義姉の母も料理が得意で自宅を開放して料理塾を長く続け出版も何度かしていたので、近くで手助けをしていてそのあとを継いだ義姉は心安く引き受けたのだろう。

掲載時期の季節のものを考え、週七日分の食材や彩りのバランスをとった献立を六ヵ月続けることは思いのほか大変だと思われた。献立を考え、実際に料理を七品作り、写真を撮る。そこでカメラは素人の私が呼ばれることになった。撮影の技術もセンスも無い禅寺の住職ではある私は、適任ではなかったがその姿を傍らで見て、とても断る勇気はなかった。

しかし、やる以上は良いものをと義姉も私も気持ちが入り、読者からの手紙や知人からの励ましもあって連載をさらに半年引受け、気がつけば一年分の膨大な献立と撮影したデータが手元に残った。

私は「一味同心」という言葉が好きで、色紙に書いては差し上げている。ひとつの味でお互い心を同じくするという意味だろう。一皿の料理、一椀の汁、作り手と味わう者がそこで心を一つにする。お客はお金を払っているから、お店はお金をもらっているからだけではとても寂しい。家庭においては主に母親が家族を思い、キッチンに立つ。献立にはその時々に応じて工夫が凝らされ、家族はその母の心配りに感謝して食卓を囲む。食事は身体を満たす以上に心を満たしてくれるはずである。しかし時間にゆとりがない、親から受け継いだ経験がないなどの今日の人達にとっては残念なことにそう簡単ではないようだ。

今回、京都新聞出版センター編集部の皆さまをはじめ多くのお方のお力を借りて、義姉の大きな願いであった本書を出版することが出来ました。本棚に飾る本ではなくお手元にあって普段に何度も開いて頂き、まずは一品を作ってくださり、心温まることがあれば本人も望外の喜びであろうと思います。

大本山建仁寺塔頭　禅居庵住職　上松 正明

※本書は京都新聞夕刊に掲載した連載「普段着のおかず」（２０１１年６月～12月）と「続 普段着のおかず」（２０１３年１月～６月）を加筆・修正し、連載では紹介できなかったものなどを加え1冊にまとめたものです。

著者略歴

谷岡瑞穂　たにおか・みづほ

1941年、日活の映画監督の父と料理研究家の母との間に生まれる。幼少期を中国東北部の山西省大同で過ごし、3歳の時に母の郷里である京都へ。学生時代の12年間は疎開先の大分県で暮らし、以降は京都に定住する。母・首藤夏世さん（故人）のアシスタントを30年務め、京のおばんざいの味を伝える。現在は母の後を継ぎ、料理教室「寺子屋料理塾」を主宰。京都市東山区在住。

編集・構成	山形 恭子（オフィスK）
装丁・デザイン	佐野 佳菜（SANOWATARU DESIGN OFFICE.INC）
撮影協力	上松 正明（大本山建仁寺塔頭 禅居庵住職）
	上松 正宗（大本山建仁寺塔頭 禅居庵副住職）
取材協力	谷岡 真如
	谷岡 尚代
	寺子屋料理塾の生徒の皆さん

京都　寺子屋料理塾のおばんざい

発行日	2019年1月7日　初版発行
著　者	谷岡　瑞穂
発行者	前畑　知之
発行所	京都新聞出版センター
	〒604-8578　京都市中京区烏丸通夷川上ル
	TEL 075-241-6192　FAX 075-222-1956
	http://kyoto-pd.co.jp/
印刷・製本	双林株式会社

ISBN978-4-7638-0711-3　C0077